坪田式 算数授業シリーズ ③

算数楽しく オープンエンド

坪田耕三 著

教育出版

【カバー作品】
服部みどり（造形作家）
大畑　俊男（写真家）

はじめに

　シリーズ第3冊目の『算数楽しく　オープンエンド』である。
　算数の授業では，問題があってその理想的解き方が示され，正しい答えが一つ導かれる。これは古い時代の授業の典型である。
　最近では教科書にも多様な「解き方」が示され，授業の中でもいろいろな解き方が奨励されるようになった。
　しかし，算数の問題に，正しい答えまでいろいろあるという考え方はまだまだ広く普及しているとはいえない。
　「オープンエンド・アプローチ」とは，答え（エンド）が，いろいろ（オープン）である授業（アプローチ）といった意味だ。
　このような授業が展開されると，子どもの考え方は大変に柔軟になる。創造性豊かになる。未来に生きる子どもたちには必要な考え方である。
　オープンエンド・アプローチの研究は，かつて国立教育研究所で始められた。故島田　茂先生が中心で，澤田利夫先生と橋本吉彦先生がそれを進められた。高次目標の評価の研究から始まり，その授業実践が進む中，私も研究同人に加えていただいたのである。
　それが今や世界に広まりつつある。全米でも，日本発の研究書の訳本が販売されている。文部科学省から発刊されている学習指導要領に基づく資料集にもこの言葉は載っている。
　研究当初は，日本数学教育学会の大会でその実践を発表しても，答えが多様になる問題での授業展開など，授業として認められないというような批判もあった。それは，一般には，算数・数学の問題は，正しい答えがただ一つに決まっているという思いが強かったからである。それが，「正しい答えはいくつもある」と言えば，その思いが覆されてしまうのである。

私自身も最初は違和感があった。しかし，その実践に前向きに取り組むうち，このような問題を開発することには，創造性が感じられ，また，このような精神を基盤にすえた授業は平素から行われなければならないと感じるようになった。
　それは，子どもの多様性に応じられるからである。子どもの多彩な才能を伸ばすことにつながると思うからである。そして，このような考えをもっていれば，自然に問題の解き方にも拡がりを求めるようになってくる。
　つまるところ，授業に豊かさが感じられるようになるのである。子どものいろいろな考え方が楽しく受け入れられるのである。先生も子どもも楽しいと感じられる授業ならば，子どもはきっと算数という教科が好きになってくれるにちがいない。
　過日，卒業した子どもたちのクラス会が，昔の小学校校舎に集まって行われた。もう不惑の年を迎える連中である。
　その時の話の中に「先生，今でもあの時やったいろいろな答えが出てくる算数をやっていますか？」「そうそう，あれ，まだやっていますか？」「なんだか，面白かったんだよなあ」などという言葉が交わされた。教室の座席に座ったことが，彼らに当時の記憶をまざまざとよみがえらせたにちがいない。私も「君はあの時，こんなことを言ったんだね」などと具体的に答えられた。
　先生も熱中して取り組んだ授業は，子どもの心にもいつまでも焼きついている。
　算数という授業方法に，固定されたものなどはないのだと今でも思う。日々授業を改善していく前向きな若い先生方に，授業改善の一つの方策として何かの参考になればと期待してこの本を著した。
　この本を著すにあたり，教育出版の岸川富弥氏をはじめ本書に携わったすべての方々にこの場を借りてお礼を申し上げる次第である。

2006年5月　坪田　耕三

目　次

はじめに 3

Ⅰ．オープンエンドで算数楽しく ――――――― 9

教材観・授業観を変える ……………………………… 10

Ⅰ-1　授業内での評価を考える
授業：「分数÷整数」のなぜ？（分数のわり算）12

Ⅰ-2　オープンエンドのよさ
算数が楽しくなる秘けつ 21

Ⅰ-3　オープンエンドの問題のつくり方
日常の授業が変わる6つの方法 30

Ⅱ．逆の問題 ――――――――――――― 43

Ⅱ-1　子どもたちが活躍できる授業
授業：4つの数の計算（数と計算）44

Ⅱ-2　電卓を使ったオープンエンド
授業：5から17をつくる（数と計算）51

Ⅱ-3　オープンエンドで研究授業
授業：分数の大きさ比べ（分数）62
　　さんすうコラム①　ジオボード上の正方形 76

Ⅲ. 条件不足の問題 ―――――――――――――――― 79

Ⅲ-1 虫食い算でオープンエンド
授業：□の中はどんな数？（たし算）80
さんすうコラム②　□を4つに 88

Ⅲ-2 子どもの柔軟な発想を引き出す
授業：やぶれたところは？（平均）93

Ⅳ. 構成活動的な問題 ―――――――――――――――― 101

Ⅳ-1 平面図形の基本と応用
授業：タングラムで作る四角形（四角形）102

Ⅳ-2 教具を使ったオープンエンド
授業：コンパスを使って（円の導入）112
さんすうコラム③　この名前は何ですか？ 123

Ⅳ-3 立体図形の感覚を豊かに
授業：立方体をつなげると（立体の見方）124

Ⅳ-4 オープンエンドの精神を生かして
授業：立体の展開図（立体の見方）131

Ⅴ. 関係や法則を見つける問題 ―――――――――――― 145

Ⅴ-1 パターンブロックでオープンエンド
授業：辺の数はいくつ？（敷き詰め）146

Ⅴ-2 九九表の秘密
　　　　授業：立体と九九の関係は？（体積・整数の見方）156
　　　　さんすうコラム④　Σの話〜式の発想〜 171

Ⅵ. 分類の問題 ───────────────── 173

Ⅵ-1 式に対する感覚を磨く
　　　　授業：式の仲間分け（数と計算）174

Ⅵ-2 図形の感覚を豊かに①
　　　　授業：立体図形の分類（立体図形）182

Ⅵ-3 図形の感覚を豊かに②
　　　　授業：平面図形の分類（平面図形）193
　　　　さんすうコラム⑤　点をつなぐ 197

Ⅶ. 数値化の問題 ───────────────── 201

Ⅶ-1 ゲームを使ったオープンエンド①
　　　　授業：「小数」の導入（小数）202

Ⅶ-2 ゲームを使ったオープンエンド②
　　　　授業：ブロックの散らばり（比べ方）211

Ⅶ-3 賞品の分け方
　　　　授業：メロンをどう分けるか（分類）224
　　　　さんすうコラム⑥　知恵の板〜正方形からの変身〜 230

オープンエンドで算数楽しく

教材観・授業観を変える

　算数の授業については，そこで対象となる「問題」「解き方」「答え」の多様性という面から考えてみることができる。

　「問題」の多様性という面からは，「問題づくり」という活動がある。子どもが自分自身で算数の問題をつくるという活動で，**「問題いろいろ」**と表現することができる。「オープンプロブレム」といってもよい。これについては，シリーズ④『算数楽しく　問題づくり』でくわしく考察したい。

　「解き方」の多様性という面からは，**「解き方いろいろ」**を考え出すという活動になる。これは，日常行われる授業によく見られる。**よい授業**だといわれる場合の多くは，子どもがいろいろな解き方を検討している。「オープンアプローチ」といえるものである。

　また，「答え」の多様性という面からは，**「答えいろいろ」**を見つけ出す活動がある。算数の問題は正しい答えが一つに決まるという強い意識が多くの人にあるので，これは意外な見方と思われるかもしれない。

　しかし，設定の仕方によっては，**答えが多様にある問題**を子どもたちと一緒に考える授業が実現するのである。

　「答え」とか「結果」という意味で使われる「エンド」，これが一意に決まらないという意味で「オープン」になっていることから，このような問題を「オープンエンド」の問題という。

　そして，このような問題を積極的に使った授業を**「オープンエンド・アプローチ」**という。「オープンエンド」の問題は，一般的に「自由形式」の記述式問題を指すが，算数では，「答えいろいろ」の問題を指すことにする。

◆教材観・授業観を変える!!

× 算数は,解き方は多様でも,正しい答えは一つしかない。

○ 算数は,解き方だけでなく,正しい答えも多様にある。

【オープンエンドの精神を生かした授業】

解き方いろいろ
＋
答えいろいろ

★たくさんの子どもたちが活躍できるので,算数が好きになり,学力も高まる。

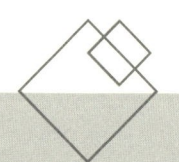

I-1 授業内での評価を考える
■「分数÷整数」のなぜ？
（高学年＊分数のわり算）

❋ 子どもの感想から

分数に整数をかける計算をもとに，**分数を整数でわる計算**の学習をした。まずは，「$\frac{2}{5} \times 3$」のような計算である。

この計算の仕方については，$\frac{2}{5}$は，単位分数である$\frac{1}{5}$が2個あって，その3個分を求めるという計算なのである。

だから，$\frac{1}{5}$が，（2×3）個分と考えればよい。

すると，計算は次のようになる。

$$\frac{2}{5} \times 3 = \frac{2 \times 3}{5}$$

これが一般化されると，かける数の整数は，かけられる分数の分子にかければよいということになる。

したがって，次のように形式的に計算することができる。

$$\frac{\triangle}{\bigcirc} \times \square = \frac{\triangle \times \square}{\bigcirc}$$

このことを学習した後，I君とHさんはノートに同じような感想を書いてきた。

（I君）

「今日は，分数のかけ算をやった。これは簡単にできた。
　では，わり算の方法はどうするのか」

(Hさん)
「かけ算ができることが判明した。かけ算ができるなら，同じ方法で，わり算もできると思う。
　例えば，$\frac{4}{5} \div 2$ の時，$\frac{4 \div 2}{5}$ でいいのか」
　これは，よい感想である。
　これを，ぜひとも，わり算の学習の導入に使いたい。

　　こんな感想を目にした時，子どもの「考える力」が大変に伸びていることを感じる。なぜなら，一つのことをやった後に，次のことへ発展していく力をもっていると評価できるからである。
　　分数に整数をかける方法を考えた。ならば，分数を整数でわる方法も同じように考えられないかと発展していくのである。
　　このような疑問の目を大いに評価したい。実際にこのような考え方をもったこと自体が素晴らしいことだと本人にも言い，他の子どもたちにも紹介する。
　　すると，またそのように考えることができるし，そう考えてみようとする子も増えていくはずである。

✳ 分数÷整数

　早速，次の時間の問題は，昨日の2人の感想から始まる。
　私は，黒板に，この2人の感想をそのまま書いた。
　そして，子どもたちに，「このHさんの，具体的な数値の問題は，実際の場面だったら，どのようなものになりますか？」と問いかけた。
　数式ができていて，その具体的な場面を問う「問題づくり」の導入になったといってもよい。
　すぐさま，手が挙がった。
　「$\frac{4}{5}$ mのテープを，2人で等分します。1人分は何mですか，という問題

が考えられます」と言う。

なかなかよい問題だ。

ここでは，この問題づくりに時間をかける必要はないので，これが具体的な場面としてみんなに納得されればよい。

そこでひとまず，この問題を4文提示の方法で板書した。

> テープがあります。
> 長さは，$\frac{4}{5}$mです。
> これを2人で等分します。
> 1人分は何mになりますか。

そして，みんなに，この問題を解く式を確認する。

「等分する」ということから，すぐに「わり算」だとわかる。

$$\frac{4}{5} \div 2$$

❋ 計算の仕方を考える

さて，この計算方法を考えるのが本時の目標になる。

Hさんは，これをかけ算と同じように考えればよいのではないかとして，分子を，わる数の整数でわっている。

$$\frac{4}{5} \div 2 = \frac{4 \div 2}{5}$$

果たして，これでよいのかをみんなに問う。

「この問題では，$\frac{4}{5}$mの半分だから，答えは$\frac{2}{5}$mなので，これで間違ってはいないと思います」という声がある。

「図で描いても，やっぱり$\frac{2}{5}$mになります」

どうやら，この方法でもできそうである。
しかし，これには**反論**が登場する。
「でも，もし，3人で等分したらどうなるの？」
こんな質問だ。

> この質問は，なかなか鋭いものである。
> さっきの問題では，分子は（4÷2）としてわり切れたのである。しかし，今度はこの方法でやると，分子が（4÷3）となって，わり切れないものになる。これをどうするかという意味の質問になった。
> この反論も「考える力」として，よい評価を与えたい。つまり，「もしも～だったら」と考える力があるからだ。これは，一般化の方向に向かって考えていける数学的な考え方の一つである。

これに対していろいろな考え方が登場する。
（Aさん）
「分数をわり算の形にすることができます。
$\frac{●}{▲}$＝●÷▲なのだから，これを使って，この場合，（4÷3）÷5になります。連続してわるのは，かけ算してわるのと同じだから，これを，4÷（3×5）として考えれば，答えは，$\frac{4}{15}$mということになります」

> 連続したわり算がかけ算になっているというところがポイントの考え方だ。なかなかよい方法だが，何人かの子には，鳩が豆鉄砲を食らったような顔をされる。
> しかし，この方法のよいところも評価しておきたい。
> 「÷，÷と続く計算は，まとめてかけてから『わる』ことができる。だから，（3×5）を一つの数と見て，4÷（3×5）＝$\frac{4}{3×5}$」ということに気付いたことをほめたい。

他の方法もある。
(B君)

「$\frac{4}{5}$の分子の4が3でわれれば，最初のようにやれます。だから，$\frac{4}{5}$を，分子がわれる形にすればいいんでしょ。

$\frac{4}{5}=\frac{12}{15}$でもいいから，こうしたらわれます」

「おおっ」という声が飛ぶ。

それでやってみると，どうなるか，みんな，一斉にノートでやり始める。

$$\frac{4}{5} \div 3 = \frac{12}{15} \div 3$$
$$= \frac{12 \div 3}{15}$$
$$= \frac{4}{15}$$

答えは，さっきと同じ，$\frac{4}{15}$となった。

このことから，どうやら，分子をわってもよさそうだ。

✱ 分析すると

そこで，この方法を詳細に式化して説明してやることにする。

$$\frac{4}{5} \div 3 = \frac{4 \times 3}{5 \times 3} \div 3$$
$$= \frac{4 \times 3 \div 3}{5 \times 3}$$
$$= \frac{4}{5 \times 3}$$

（吹き出し：$\frac{12}{15}=\frac{4 \times 3}{5 \times 3}$）

板書されたこの式変形を見ると，はじめのわる数「3」は，途中で「×3÷3」となって消え，分子，分母にともにかけた「3」のうち，分母の「3」

だけが残るという形になったことがよくわかる。この考え方で言えば，分母にかけた「3」は，新たに登場した「3」であるということになる。
　だが，形式的に考えると，わる数を，わられる分数の分母にかければよいということになる。

$$\frac{\triangle}{\bigcirc} \div \square = \frac{\triangle}{\bigcirc \times \square}$$

> このように，子どもの考え方の中に含まれている数学的な考え方を表出してやることは教師の大きな役目である。これが授業内の評価ともいうべきことであろう。

　この計算の仕方はみんなに納得されていったのだが，この考え方のきっかけをつくったB君の考えがどこから出てきたものかも知っておくのが，他に生かせる評価になるものと思う。
　そこで，彼に聞いてみる。
「なぜ，この分数の特徴を使うことに気付いたのかな？」
　すると，こんな答えが返ってきた。
「本当は，はじめに，分子の（4÷3）をそのままやろうと思いました。でも，これではできません。1.3333……となってしまいます。
　この時，もし，これが反対で，（3÷4）のようだったら，0.75となって，なんとかわり切れるでしょ。
　それなら，$\frac{0.75}{1}$ だから，これは変なので，分子も分母も100倍して，$\frac{0.75}{1}$ = $\frac{75}{100}$ のようにできると思ったんです。
　その時に，分子が小数でなくても，分子と分母に同じ数をかけてもいいのではないかと思いました」

$$3 \div 4 = 0.75$$
$$= \frac{0.75}{1} = \frac{0.75 \times 100}{1 \times 100}$$

$$= \frac{75}{100} = \frac{3}{4}$$

こんな発言であった。

> これは自分の考えをじっくり振り返る発言で,はじめは何気なしにやっていたことでも,みんなで一緒に学ぶうちに,自分の考えをしっかりと見つめ直すことになって,自らの考えの発端を紐解くことができているのである。
> この発言はもちろん発言者自身にとっても素晴らしいものであるが,一緒にいた仲間にも役立つ「振り返り」になっている。

✻ 子どもの感想から

さて,授業の中で,こんな納得が得られたものの,この日のノートに次のようなさらなる感想も現れた。

(Sさん)

「今日の問題では,単純にかけて,わられる数の分子を,わる数の倍数にしているからできます。

でも,$\frac{4}{13} \div 6$ などは約分しなければなりません。

$$\frac{4}{13} \div 6 = \frac{4 \times 6}{13 \times 6} \div 6$$
$$= \frac{4 \times \cancel{6} \div \cancel{6}}{13 \times 6}$$
$$= \frac{\overset{2}{\cancel{4}}}{13 \times \underset{3}{\cancel{6}}}$$
$$= \frac{2}{39}$$

（ここで $\frac{4}{78}$ となると,あとで約分して $\frac{2}{39}$ としなければならない。）

これは，分子にも，分母にも6をかけなくても，3をかければできます。

$$\frac{4}{13} \div 6 = \frac{4 \times 3}{13 \times 3} \div 6$$
$$= \frac{4 \times 3 \div 6}{13 \times 3}$$
$$= \frac{12 \div 6}{13 \times 3} = \frac{2}{39}$$

こうすれば，一発でできるんじゃないかな」
こんな感想であった。

> 授業後にも，とてもよく考えている様子がわかる。
> 私は，このノートに，「very good! 素晴らしい感想です。授業後にも，よく内容を吟味して考えています」と書き添えた。
> そして，ノートを返す時に，この感想を他の子にも読んで聞かせた。
> 一つのことを，よく吟味して，それが一般的に使えるものかどうかを考える力は高い能力といえる。

✳ オープンエンド・アプローチの精神を生かす

このような授業の体験から，「分数÷整数」の計算方法では，「なぜ，わる数を分子にかけるのか」という意味が納得できていくのである。

一つの授業事例をなぞるようにしながら，具体的に「考える力の評価」を考察してみた。「考える力」はなかなか目に見えない。知識や技能などの場合のようにペーパーで評価をするのもなかなか難しいものである。

この授業は，「分数÷整数」の**計算の仕方**について**考える**わけで，その結果，計算方法は「わる数の整数をわられる数の分母にかける」ということに収斂するのだが，教師がそのことのみを大切なことだと考えていると，途中の子どもの自由な考え方が見えなくなってしまう。

オープンエンド・アプローチの精神を充分踏まえておくことによって，途中の子どもの柔軟な考え方に対応できることになる。
　この授業の場合にも，様々な考え方が登場する。これを一つ一つ丁寧に受け止め，その価値を見出すことが大切である。「計算の仕方を考える」という問いに対しては，その方法の多様性はオープンエンドである。
　この後，本書に数多くのオープンエンド・アプローチの事例を紹介するが，ほとんどは多様な解答を価値づけ，よさを見出すものである。
　しかし，そのような意図的な授業を何回かやっているうちに，平素の授業の中にも子どもを見る眼が拡がり，収斂していく内容であっても，拡散的な思考が生きる授業でありたいと思うようになる。
　つまり，教師が子どもの声をよく聞く耳をもつようになりたいのである。一つの目標に向かっているのだけれども，子どもの豊かな考えに耳を傾けるゆとりが必要なのである。
　また，授業中に活動する子どもの様子や，ノートに記述された内容を具（つぶさ）に見る眼も必要となる。一人一人の子どもに対応する場が生まれるのである。
　そして，価値ある発想には惜しみなく「よい」という声をかけていくことが大事だ。
　教師は「見ざる，聞かざる，言わざる」の態度ではなく「**見逃さず，聞き逃さず，言い逃さず**」の精神で子どもに対応していくべきなのである。

I-2 オープンエンドのよさ
■算数が楽しくなる秘けつ

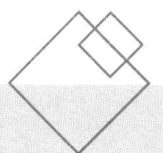

　ここでは，オープンエンドの精神を生かした授業について，その意図するところとよさを述べる。

 解き方いろいろ

　算数の授業で登場する問題には，ただ一つの正解があって，その答えをいろいろな方法で解いていくというのが一般的である。
　このような授業方法を単純な図解で表すならば，下のようになる。矢印は解き方を示している。これが，「**解き方いろいろ**」の授業である。

解き方いろいろの授業

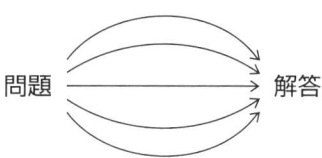

　このような授業では，解き方が多様に考えられることを積極的に奨励するため，いろいろな子どもがそれぞれに考えたことを発表し，それぞれの考え方について**話し合いを深めていける**というよさがある。
　最近では，このような多様な考え方は**教科書にも掲載**されており，「解き方いろいろ」の授業が奨励されている。

算数が楽しくなる秘けつ　21

例えば,「台形の面積の求め方」を考える授業では,その方法が様々に発表されることが期待される。

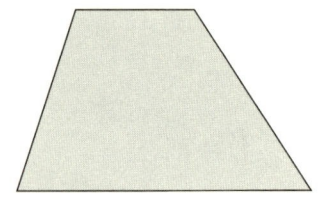

下の図のように合同な台形を2つ,ひっくり返して並べ,全体を平行四辺形にする。まず,平行四辺形の面積を求めて,それを半分にして,はじめの台形の面積を求めるという方法がある。子どもが平行四辺形の面積を求める公式を利用して,「底辺×高さ÷2」という式で答えを求めるのである。

このことを使えば,「底辺＝上底＋下底」なので,台形の面積＝（上底＋下底）×高さ÷2となる。

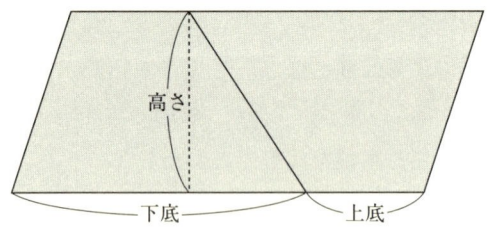

また,台形を2つの三角形に分け,三角形の面積を求める公式を利用して求めるという方法がある。

「底辺（上底）×高さ÷2＋底辺（下底）×高さ÷2」というこの式を変形すれば,これも,台形の面積＝（上底＋下底）×高さ÷2となる。

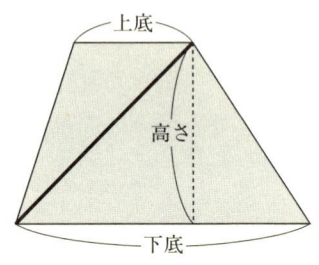

この他にも,授業の中では,方法がいろいろと考えられ,子どもたちからたくさん発表されていくにちがいない。

時には,このような洗練された公式にまでいたらなくても,子どもなりの式がつくられることもある。

（高さ×真ん中の横）などという式がその例である。これはこれでとても素晴らしいことだと思う。

この式の「真ん中の横」の長さは下図を見ればわかるように「上底＋下底」の平均の長さになっているから，実は，先の公式と同じになっている。

子どもたちは方眼紙の上に台形を描いて考えることで下図のような発見にいたる。

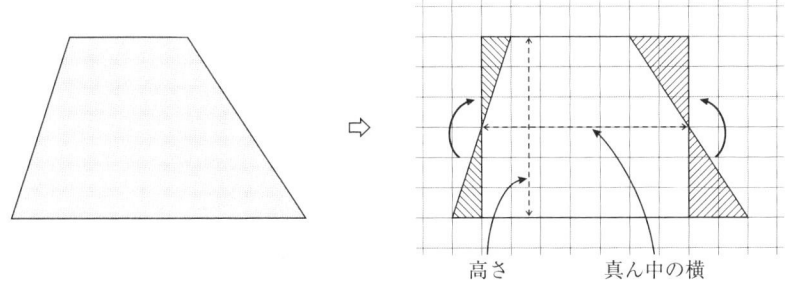

高さ　　真ん中の横

このことの発見は，三角形の面積の求め方に関連して子どもが考えたものである。三角形の場合には図のように，左右の小さな三角形を切りとって移動し，長方形に変形する考え方がある。こうすると三角形は長方形に見立てられて，たて×横＝高さ×（底辺÷２）となって，三角形の公式

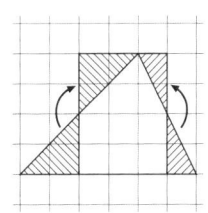

に結びつく。このことの発想が，この台形にも同じように使われているのである。

✳ 解き方いろいろのよさ

このような「解き方いろいろ」の授業は，大いに進められるべきものである。

問題に対してその解き方がただ一つしかないという授業では，子どもたちの創造性に培うことはできない。

算数が楽しくなる秘けつ　23

つまり，一つの解き方だけを教えていくという授業では，教師は，出会った問題に対してその場だけに対応できる解法を知識として覚えさせようという態度になりがちである。そうなると，問題を解く処理能力だけを身につけさせようとする意識が前面に出る授業となるので，子どもは試行錯誤しながら問題を解決していく力をつけていくことができない。

　これに対して，一つの問題にはいろいろな解き方があって，試行錯誤して考え，それらを比較吟味しながら学ぶという授業には次のようなよさが考えられる。

① 多様な方法に対してそれぞれのよさを価値づけることができる。
② いくつかの方法についてその優劣を考え序列化することができる。
③ いくつかの方法を統合的に見直すことができる。
④ いくつかの方法を構造化することができる。

　これらのことは古藤怜氏が『算数科　多様な考えの生かし方まとめ方』(東洋館出版社，1990年) の中で主張していることである。

　このような活動を通して，子ども自身にも算数的見方・考え方・表し方を体験的に納得してもらいたい。

❋ オープンエンド・アプローチ

　「解き方いろいろ」の授業に対して，一つの問題から正しい答えを多様に出せるようにした授業を「オープンエンド・アプローチ」と呼ぶ。

　「答えいろいろ」の授業である。

　「エンド」は答えを意味し，これが多様に設定されているという意味で「オープン」である。そのように設定された問題を使って授業を展開する。

　これを図解にするならば次のようになる。

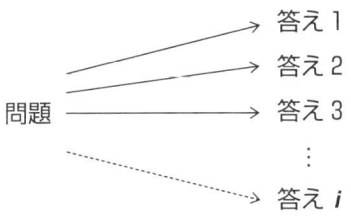

　一つの問いかけに対して,正しい答えがいろいろと考えられる。
　「3+5の答えはいくつですか？」と問いかければ,「8」と答えることになる。
　この場合は,これだけが正解である。もしも,授業の中でこの問いが発せられ,手を挙げている子がたくさんいる中で,先生が誰かを指名しようと思っているうちに,一人の子が「8です」と大きな声で言ってしまえば,それで終わってしまう。せっかく答えを言おうと思っていた多くの子はその機会がなくなってしまうのである。
　しかし,これを「8は,何たす何ですか？」と発問したらどうだろうか。
　□+□=8の□の中にはどんな数が入るか,という問いかけでもある。
　この□には,いろいろな数が入る可能性がある。
　自由に発言できる雰囲気のクラスであれば,はじめから質問が登場する。「この□は,どちらも同じ数なのですか？」と。
　こんな質問が登場すれば,もうこの段階から充実した授業となっていくにちがいない。□にはいろいろな数が入るという意味をしっかり約束してから考えることになるからである。
　1年生であれば,1+7,2+6,3+5,4+4…,といった答えがまず登場する。そして,「0+8も答えの一つに入れていいのではないか」と進む。1年生は0が他の整数の仲間に入っていない場合も多いので,あとから登場するところが面白い。
　これが,もっと上の学年になれば,**小数や分数**もその答えに入れようとする。「1.5+6.5」といった答えや,「$\frac{10}{3}+\frac{14}{3}$」といった答えも発表される

算数が楽しくなる秘けつ　25

にちがいない。

このように，一つの問いに対して答えがいろいろに設定される授業がオープンエンド・アプローチなのである。

だれかが一つの答えを出したとしても，まだ，他にも答えが考えられる。したがって，**ほめられる子が増える**ことになる。よいと評価される子が一層増えるということである。子どもたちの活躍の場が俄然増えてくる。

また，一人でいくつもの答えを考えていくようになれば，固定的な考えより**柔軟な考え方**が育ってくる。算数の学力が本当に高まっていくのである。

✲ オープンエンドで深みのある評価を

「算数的活動」の評価を考えると，これはなかなか難しい。それは「知識・理解」あるいは「表現・処理」にかかわることだけではないからである。評価基準から考えれば「数学的な考え方」や「関心・態度」までも考えなければならない。

知識・理解，あるいは表現・処理のようなものであれば，ある程度ペーパーテストで評価が可能であろう。しかし，考え方や態度面の評価までも考えるならば，評価者の主観も大きくかかわってくる。

授業を終えて職員室に戻ってきた先生が「あの子は，授業中にはとってもいい考えが出せるのに，テストでは今ひとつよい点がとれないんだ」などという場合がある。

これは，授業中に一つの問題をじっくり考えているときには，ああでもない，こうでもないと試行錯誤しながら，面白い考えを出してくるものの，決まりきった問題を，決められた時間の中でこなさなければならないということになると，なかなか完璧にできないという子がいるということだ。

そのような子どもにも何とかよい評価をしてやれないだろうか。

こう考えた時，普段行われているペーパーテストとは異なった問題で評価することを考えてみてはどうかと思うようになる。

そのことを具体的に研究したのが，かつての国立教育研究所で，1971年（昭和46年）から6年間にわたって研究された「算数・数学科の高次目標の評価方法の開発研究」である。

　それは，知識・理解，表現・処理のようなものだけのペーパーテストだけでは評価しきれない，柔軟性や創造性にかかわる高次な目標に対する評価をいかにしたらよいかという研究であった。

　その過程で考えられてきたのが，正答が何通りも考えられるような問題であり，これを使って，質・量，両面から評価していこうとすることであった。

　その時の研究で，前述したペーパーテストでは評価しきれない子どもの様相が見られることがわかった。そこで，正答が何通りも考えられるような問題を積極的に授業の中に導入していこうとする試みが行われたのである。それが，オープンエンド・アプローチであった。

　この実践は，小学校ばかりでなく，中学校・高等学校でも広く行われた。1977年には，『算数・数学科のオープンエンド・アプローチ』（島田茂編著，みずうみ書房）が公刊された。

　しかも，これが全米数学教師協議会で取り上げられ，翻訳され1995年に『The Open-ended Approach in Arithmetic and Mathematics : Japanese Proposal for the Improvement of Teaching』として発刊された。私も，その一部を執筆した。

　研究当初から数えると，オープンエンドの研究・実践はすでに35年も経っている。

　最近では，普及も進んでおり，文部科学省の『個に応じた指導に関する指導資料——発展的な学習や補充的な学習の推進——（小学校算数編）』にも，「オープンエンド・アプローチ」が紹介され，その授業を推奨している。例えば，かけ算の九九表を見て，そこから様々なきまりを見いだすオープンエンド・アプローチの活動などがそれである。

　『小学校学習指導要領解説 算数編』（1999年5月，文部省）でも，

「…多様な決まりを見つけていくには，九九表を観察したり，九九表を児童自らが作ったりするなどの作業的な活動が有効である」(p.81)
と述べている部分がある。これはまさしくオープンエンド・アプローチへの示唆である。

> このような，オープンエンドの問題からは，子どもがどれほど流暢にいろいろな答えを出せるか，また，どれほど質の違った答えを柔軟に出せるかといった面から評価することになる。それによって，これまでに見られなかった別の面の算数の力を見いだせることになる。
>
> さらに，いろいろな答えを出せるということは，進んだ子どもは進んだ子どもなりの，遅れ気味の子どもにはその子なりの答えをもって授業に参加できるということにもなる。これにより，教師の評価の幅も広がっていく。

このような意味からもオープンエンド・アプローチの試みは効果的であることがわかる。

最後にオープンエンド・アプローチのよさをまとめてみると次のようになる。

オープンエンドのよさ
① 答えの多様性によって子どもの活躍する場面が増える。(活性化)
②「よい」と評価される子どもが一層増える。(高評価)
③ 算数に対する柔軟な考え方が育つ。(柔軟性)
④ 試行錯誤しながら，独創的な考えを出す子どもが増える。(独創性)
⑤ 一つの問題に対して深く追究していく態度が育つ。(追究心)
⑥ 数学的な考え方や関心・態度にかかわる高次な目標に対する評価が可能になる。(高次目標)

⑦ 個に応じた指導として,発展的な学習や補充的な学習に応じられる。（個別指導）
⑧ 教師や子どもの算数観を変えられる。（算数観）

I-3 オープンエンドの問題のつくり方
■日常の授業が変わる6つの方法

 全部で6種類

　授業の中で使われるオープンエンドの問題はどのようにしてつくるか。ここでは，実践から考えたものを紹介する。

　先に示した国立教育研究所での研究では，オープンエンドの問題のつくり方には，次の3つが考えられた。

・関係や法則を見つける問題［How to find］
・分類の問題［How to classify］
・数値化の問題［How to measure］

　また，私は，このような問題のつくり方以外に，もっと日常の授業に生かせるオープンエンドの問題のつくり方も考えた。
　前述の問題のつくり方に続けるならば，次のようなものである。

・逆の問題
・条件不足の問題
・構成活動的な問題

　なお，本書の目次構成では，これら6種類のオープンエンドの問題を授業実践しやすいものから配列した。

✳︎✳ 関係や法則を見つける問題

①の「関係や法則を見つける問題」には，例えば，**教科書**でもとり上げられている**「九九表のきまり」**がある。下のような九九表があって，そこからいろいろなきまりを見つけるのである（くわしくは，V-2を参照）。

1	2	3	4	5	6	7	8	9
2	4	6	8	10	12	14	16	18
3	6	9	12	15	18	21	24	27
4	8	12	16	20	24	28	32	36
5	10	15	20	25	30	35	40	45
6	12	18	24	30	36	42	48	54
7	14	21	28	35	42	49	56	63
8	16	24	32	40	48	56	64	72
9	18	27	36	45	54	63	72	81

この表からいろいろなきまりが発見できる。

例えば，左上から右下への対角線を境に右上と左下の対応する数が同じであることがある。右図のように21の位置するところは対角線を折り目にして折ると重なるところにも21が位置している。

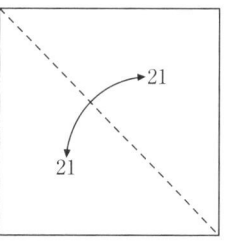

あるいは，右上から左下への対角線を境に左上と右下の数の「一の位」が同じになっている，などの発見がある。右図のように4と64が対角線を折り目にして折ったときに重なるところにあり，この一の位は同じになって

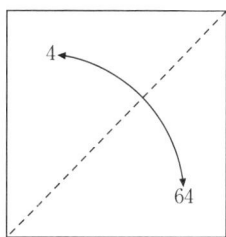

いるということだ。

このような発見があって，それぞれの**きまりの理由を考える授業**が展開できる。

これが，「関係や法則を見つける問題」である。

✳ 分類の問題

②の「分類の問題」には，**「立体図形の分類」**の観点をいろいろ考える問題がある（くわしくは，Ⅵ-2を参照）。

図のように，8種類の立体がある。この立体の中で一つだけを取り上げる。

例えば，（い）の立体とする。この「(い)の立体と同じと見られる立体を見つける」のである。

その時に，なぜ同じと見られるのか，その観点を子どもに説明させる。つまり，同じ仲間の立体と見られる分類の観点をいろいろ考えるという問題なのである。

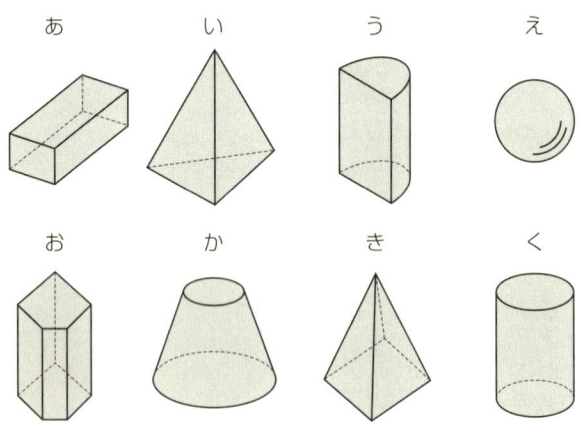

（い）の立体を取り上げると，（い）の立体と（き）の立体が同じだと言う子がいる。

それは，ともに「上がとがった形」という意味から分類したものである。「錐体」という意味で同じ仲間と考えたものである。

また，（い）の立体と（う）の立体が同じと見られると言う子もいる。

意外な感じがする見方ではあるが，これは「『面の数』がどちらも4つの立体である」という理由からである。

> このように，分類の問題で授業を展開するならば，子ども自らが立体を見ていく観点をいろいろ考えるようになっていく。教えられて暗記していく学習ではなく，対象に積極的にかかわる授業となるにちがいない。

✺ 数値化の問題

③の「数値化の問題」では，「グループマラソンの順位づけ」の例が挙げられる。マラソンは個人個人で走るのだが，その結果を使ってグループの競技とするのである。

「A，B，Cの3チームが，マラソンの競技をした。その結果が次のようだった。この時，どのようにグループに順位をつけるのか？」これが問題である。

グループ	メンバーの順位
Aグループ	1位，7位，8位，10位
Bグループ	2位，5位，6位
Cグループ	3位，4位，9位，11位

この場合，いろいろな順位の決め方が考えられる。

例えば，「最も速い順位のメンバーを，そのチームの順位の代表とする」というのも方法の一つである。その場合は，Aグループが1位となる。

「いや，それでは，人数の違いが考慮されないから，メンバーの順位を平均して，その数値をチームの順位にして考える」という方法もある。

その場合は，Bチームが1位ということになる。

> このように，順位の決め方にはいろいろあって，しかもそれぞれの方法には長所・短所が考えられる。その方法を考えるときには，それまでの算数の学習の内容を総動員して考えることになり，総合的な学習となりうる。

✳ 逆の問題

④の「逆の問題」では，Ⅰ-2で具体的に挙げた「8は，何たす何か？」という問題がそのよい例となる。3＋5＝□というところを逆に設定して，□＋□＝8とするのである。

別の例では，**立体の構成要素**を調べる問題が考えられる。

例えば，「四角柱の辺の数は何本ありますか？」という問題。これに対して答えは「12本」ということになる。

答え①（四角柱）

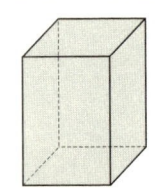

これを逆に設定する。答えの部分を問いにして，条件の部分を答えてもらうのである。

「12本の辺をもつ立体は何ですか？」という問題になる。

この問題にはどんな答えが考えられるだろう。

もちろん，四角柱はその答えになる。しかし，答えはそれだけであろうか。他に何か考えられないだろうか。

答え②（四角錐台）

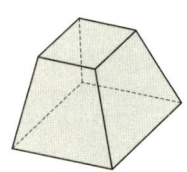

四角柱を少し変形するならば,「四角錐台」が考えられる。四角柱の上をすぼめて位相的に変形したと考えればよい。

答え③（六角錐）

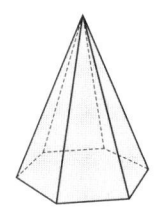

　また,他にも「六角錐」が考えられる。底面に6本,側面に6本あるから,合計12の辺ということになる。

　子どもは図形の用語は知らなくても,日常の生活でこのような図形に接しているので答えが出せるのである。

　このように問題の条件の部分と答えの部分を逆に設定した問題にすれば,その解答はいろいろと考えられることになる。
　日常の授業の中で,教科書の問題をアレンジすればすぐにでもできる方法である。

✳ 条件不足の問題

　⑤の「条件不足の問題」の例には,**十進位取り記数法**にかかわる数の意味についての問題がある。

　「5678 = 1000 × □ + 100 × □ + 10 × □ + 1 × □」。このような問題は,よく教科書に見られる。よく考えると,この□に入る数は一意には決まらないことがわかる。

　普通に考えると,この場合は次のようになる。

　「5678 = 1000 × 5 + 100 × 6 + 10 × 7 + 1 × 8」となる。

　これは位の意味がよくわかるように表記したと見られる場合の答えである。しかし見方を変えれば,もっと他の表記の仕方があってもよいと考えられる。

　それは,各位が一桁の数でなくてもよいのではないかと考えるところからの発想である。

日常の授業が変わる6つの方法　35

「5678 = 1000 × 4 + 100 × 16 + 10 × 6 + 1 × 18」

このような答えはどうだろう。こんな発想を見てしまえば，もっと他の答え方があることはすぐにわかる。

この考え方は，**繰り下がりのあるひき算**になくてはならない考え方であるから，必要なのである。

例えば，「32－8」のような計算では，32を「30と2」と見ていては一の位の計算である「2－8」ができない。そこで，32を「20と12」と見て，「12－8＝4」として，「20と4で24」と計算することになる。先のような見方が大切であることがわかる。

さらに，**虫食い算**のような問題にもこれは使える。洗練された条件のもとにつくられた虫食い算であれば，答えが一意に決まるものが当然なのだが，授業レベルでは条件が緩やかになっていて，答えが何通りも考えられるもののほうに価値がある。

つまり，オープンエンドの問題になっているほうがよいということである。「3□－□＝28」という問題の場合には，この□には，ひかれる数とひく数を対応させて，8個の答えが考えられる。

虫食い算で答えいろいろ

3□ － □ 2 8	⇒	3 0 － 2 2 8	3 1 － 3 2 8	3 2 － 4 2 8	3 3 － 5 2 8
		3 4 － 6 2 8	3 5 － 7 2 8	3 6 － 8 2 8	3 7 － 9 2 8

このような問題を条件不足と考えれば，これも日常の授業の中に十分に生かせるオープンエンドの問題のつくり方となる。

✳ 構成活動的な問題

⑥の「構成活動的な問題」は、ハンズオン・マスの授業例ともなる(ハンズオン・マスについては、シリーズ②『算数楽しく　ハンズオン・マス』参照)。ハンズオン・マスの授業では多分にオープンエンド・アプローチの精神を生かす活動が行われる。

「円柱の展開図」を考える問題を紹介する。

円柱の展開図は、一般的には、長方形と2つの円からなっている。

このことについて、もっと別の展開図はないかと考えるところから、オープンエンドの問題が設定できる。

少々くわしく紹介してみる。

(1) 展開図とは

立体の学習については、その面の数、辺の数、頂点の数などに注目して、その特徴を知るという授業がある。そのような目のつけどころを、立体の「構成要素」という。

また、その構成要素のつながりの関係などにも視点を向けて考察する場合がある。面と面が垂直になっているとか、平行になっているといった見方である。

立方体や正多面体については、このシリーズ①の『算数楽しく　授業術』や、シリーズ②の『算数楽しく　ハンズオン・マス』にくわしい。特にこれらの展開図については詳細に述べた。平面と立体の関係を手を使って具体的に考える学習として大切な視点である。

学習指導要領の中で対象となっている展開図は、全て平面で囲まれた立体が対象であって、辺を切り開いていくことを当然として考えている。辺を切り開いていくとどんな図が出来上がるかを考えることで立体感覚が磨かれるのである。

しかし、ここで少し発想の転換をする。

ちょっと，頭の中にいろいろな立体を思い浮かべていただきたい。思い浮かんだ立体は，果たして辺の部分を切り開くということが当たり前というものばかりだろうか。

　身近な立体で，「円柱」をその対象として挙げてみよう。

　円柱の側面は「曲面」である。まず，その曲面を切り開くことを考えねばならない。一体どうすればよいのだろう。

　このようなことを考えはじめると，展開図とは，辺のところを切り開くという暗黙の常識が崩れてしまう。円柱を平面になるように，切り開くためには「面」を切り開かなければならないのだ。

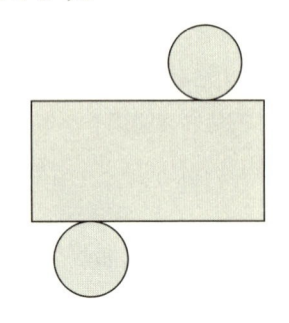

　よく知っている「円柱の展開図」は，側面の長方形の上下に，底面の円がある。これは，まさしく側面そのものを切って開いたのだ。

　しかも，底面の円は，側面の長方形に接しているだけである。つながっているとはいえないのだ。私のクラスの子どもが「これは，展開図じゃなくて，分解図だよ」と言った。言い得て妙な言葉だと感心した。

　ある外国の本の中には，円柱の展開図として，長方形の上に2つの円が描かれていたのが印象に残っている。これなどは，まさしく分解図としての発想である。

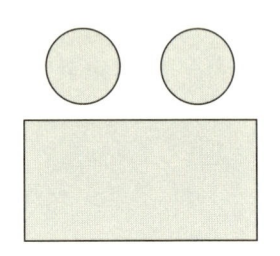

(2) 面を切るならば

　もしも，面を切るならば，常識的に底面の円に対して垂直になるように切らなければならないのだろうか。

　「もしも，垂直でなかったら」と考えてみよう。

　少し斜めに切り取り線を入れて考えてみると，途端に面白くなる。

実は,このことに気付かせるために,トイレットペーパーの芯を持ってくる。この芯は円筒形である。

「この芯をよく見てごらん」

「あっ,斜めの線が入っている」

早速,その芯の特徴に目がいく。側面に入っている螺旋の線に気付く。

「これは,何かな？」

「たぶん,のりしろだと思うな」

「それじゃあ,ここをはがしてみるか」

このように言って,みんなの目の前でゆっくりゆっくりと,この螺旋に従ってのりしろをはがしていく。

全部がはがれると,それがなんと平行四辺形になっていることに驚く。

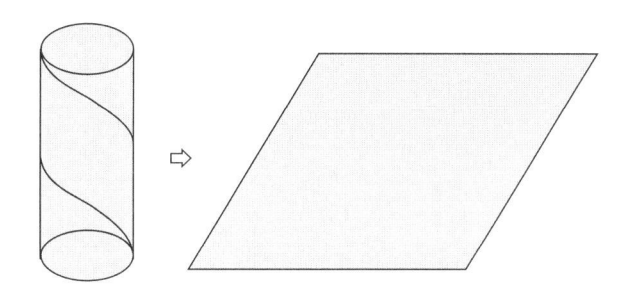

この活動は一体何をしているのだろう。

円筒形の側面を斜めに切っていくということだ。

この円筒形の上下の面が円でふさがっていたら,これは円柱そのものである。それならば,円柱の展開図は,「2つの円と平行四辺形」ということになる。

これは面を自由に切った結果といえるのだ。

(3) もっと大胆に

ここまで,やってみると,今度はもう**自分たちで**「**もっと自由にやって**

みたい」ということになる。

　自由にやってみると，実に様々な展開図が登場する。まさしくこれがオープンエンド・アプローチである。

　ある子は，側面を底面に垂直でなく切ってみる。またある子は，直線でなく曲線で切ってみる。さらに別の子は，底面まで切ってみる。

　こんな工夫が随所に見られるのである。

　次ページの写真が，子どもの作品である。とうてい大人にはできないものばかりだ。

(4) 余談

　ある時，子どもたちとバスに乗って社会科見学に出かけた。

　バスの中から「先生，あのトラックの横腹に，円柱の展開図が！」こんな声が上がった。

　よく見ると，そのとおり，トラックの横に会社のマークが大きく付いているではないか。

　何のマークかはわからないが，これが円柱の展開図に見えたところが学習の効果である。

（写真提供：株式会社全通）

円柱の面白展開図（子どもの作品）

沖島 岳

岡崎 莉々

川島 圭

岩本 晏奈

林 江里

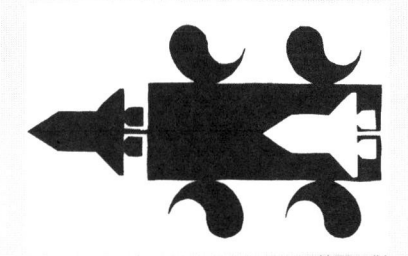

鷺沼 るりこ

前田 傑

福濱 美志保

日常の授業が変わる6つの方法

II

逆の問題

II-1 子どもたちが活躍できる授業
■ 4つの数の計算

（低学年＊数と計算）

❋ たし算とひき算で

　黒板に□のマスを4つ書く。それぞれの□の間を少しあける。

　次に，○のカードに「＋」と「－」の記号を書いて，これをたくさん用意する。黒板の右側にこれを置く。

　左側には，いつも1から9までの数カードが貼ってあるのだが，これをわざと ｛1，2，3，4，5，6｝ にして減らしておく。

「この□のマスには，後で，数字が入ります。

　でも，今は，この□の間に『＋』か『－』のカードを貼りたいと思います」

　こう言って，はじめに数字の入らない式をつくってしまうことを提示する。

「どんな式が考えられますか？」

　こう聞くと，何を言っているのかわからず怪訝な顔をしている子もいる。

そこで,「まずは,先生が置いてみよう」と言って,□と□の間に「＋」の記号を置く。
　そして,みんなの顔を見ながら,次の□の間にまた「＋」を置く。
　こうすると,子どもたちは,何をするのかがわかったようで,やおら「はい」「はい」と手を挙げだす。
　「おっ,ようやくわかったようだね。では,A君だったら？」
　「次に『＋』を入れます」
　「なるほど」と言って,そのとおりに記号を置いてやる。
　□＋□＋□＋□　の式が完成だ。
　必ず「そうじゃないのもあります」と言う子が出てくる。
　指名すると,「『－』を入れます」
　こう言う。
　そこで,黒板にもう一つ式をつくってやる。
　□＋□＋□－□　の式である。
　この2つが並んだところで,再びみんなに問う。
　「この2つの式は,違いますね。みなさんは,この2つのどちらとも違う式を考えられますか？」
　記号の入る場所が3か所もあるから,まだまだいろいろな式がつくれることがわかる。
　全部で, $2^3 = 8$ 個あるはずである。
　すぐに手を挙げた子がいた。指名すると,案の定「－」ばかりの式である。
　□－□－□－□　の式だ。
　さあ,今度はみんな考え始めて,試行錯誤的に違った式を出す。1年生なので順序よく探し出すアイディアはなかなか見つからないが,「はじめは『＋』を使って,だんだん『－』使っていけば,いろいろ探せるよ」という案を出した子がいたのには感心した。
　いろいろ出されていったが結局,次の8個の式が黒板に並ぶことになった。

4つの数の計算（低学年＊数と計算）　45

```
ア．□＋□＋□＋□
イ．□＋□＋□－□
ウ．□＋□－□＋□
エ．□＋□－□－□
オ．□－□＋□＋□
カ．□－□＋□－□
キ．□－□－□＋□
ク．□－□－□－□
```

　さて，ここまでできたら，今度は，「4つの□の間に『＋』や『－』が入りました。いろいろな計算ができそうですね。さて，これらの計算で，ここにある数カードを入れていくと，どんな答えができるかな？」
　こう問いかける。
「使える数は，『1から6まで』ですよ」
　条件を確認する。
　つまり，「アからクまでのどれかの式を使って，1から6までの数を入れ，いろいろな答えをつくってみよう」という問題である。
　この式の8個のパターンを見つけること自体も多分にオープンエンド・アプローチの要素を含んでいるが，この後の実際の数値を当てはめて式をつくることも大いにオープンエンド・アプローチになっているといえる。

✿* 大きな答えと小さな答え

　はじめに，「ここにある数カードを使ったとき，一番大きな答えになるのはどんな時かな？」と聞いてみた。
　すぐさま手が挙がった。
「それは，大きな数を全部たせばいいんだ」
「どんな式になるの？」

「『6＋5＋4＋3』です」
「その答えはいくつになりますか？」
何人も手を挙げている。
「18です」
「だって，6＋4で10になって，あと5＋3で8だから」
計算を工夫した順序まで述べている。
そこで，「これは，この式（□の式）の中で，どれを使っているのかな？」と確認する。
「それは，『ア』の式です」
こんな答えが返ってくるので，早速，この式の中にいったん「数カード」を置いて確認し，そのあとにチョークで数を書き込むことにする。
そして，吹き出しで「一番大きな答え」と書いておく。

ア．6 ＋ 5 ＋ 4 ＋ 3 ＝ 18　　　一番大きな答え

次に，「では，一番小さな答えは何かな？」こんな質問をする。
しばし考えている。
「あっ，それは『0』だ」
こんな声が響く。
そこで「答えが『0』になる式なんかつくれるかな？」と少々みんなを煽る。
答えが0と決められれば，また考えが違ってくる。いろいろな数値を当てはめながら試行錯誤しているのである。
「わかった」の声が響く。何人も手を挙げた。
「『6－3－2－1＝0』です」
「ほんとだ」「同じだ」などと，みんな喜んでいる。
「先生，それは『ク』の式です」

4つの数の計算（低学年＊数と計算）

ク. $\boxed{6} - \boxed{3} - \boxed{2} - \boxed{1} = 0$

✳ 答えは0から18までできるか

　さて，最も大きな答え「18」と，最も小さな答え「0」が出てきたら，
「では，この間の答えが全部できるかな。この中の式を上手に使って考えてみよう」
　こんな問いかけだ。
「0から18まで全部ですか？」
「そうだね。それが全部できたら素晴らしいね」
「大きい数は，簡単にできそうだよ」
「なぜ？」
「だって，そこにある1から6までの数を，いろいろたしてみればいいんじゃない」
　1から6までの数の組み合わせで，大きな数はできそうだと言うのである。『ア』の式だけでいこうという考えである。
「『2+4+5+6=17』です」
「どうやって，つくりましたか？」
「さっき，18の時に使った数を見て，それより1だけ小さくなるようにしました」
　つくり方がなかなか数学的だといえる。
　このパターンは，少しずつ答えを減らしていくのに都合がいい。
　続々と発表がある。
「『2+3+5+6=16』です」
「『1+3+5+6=15』です」
「14や13はどうかな？」
　これもできた子がいて，発表だ。

「『2＋3＋4＋5＝14』です」

「『1＋3＋4＋5＝13』です」

ここで，はじめて違った方法が発表される。

「それと違うのができました。『6＋5＋4－2＝13』です」

「ほう，よくできたね。これは，黒板のどの式かな？」

「『イ』の式です」

こんな発表を待って，『イ』の式に数値を書き込む。

イ． 6 ＋ 5 ＋ 4 － 2 ＝ 13

✻✷ ついに完成

　こうして，なんだかんだと発表を繰り返していくと，徐々に，「0」から「18」まで，なんとか出揃った。

　並べてみる。矢印の後ろの記号は，□の式の種類である。どの種類にも当てはまるものがあった。

$$
\begin{aligned}
&6－3－2－1＝0 \Rightarrow ク\\
&6－4－2＋1＝1 \Rightarrow キ\\
&1＋3＋4－6＝2 \Rightarrow イ\\
&3＋5－4－1＝3 \Rightarrow エ\\
&5＋4－3－2＝4 \Rightarrow エ\\
&6＋4－3－2＝5 \Rightarrow エ\\
&5－2＋4－1＝6 \Rightarrow カ\\
&6＋5－3－1＝7 \Rightarrow エ\\
&6＋5－2－1＝8 \Rightarrow エ\\
&6＋4－2＋1＝9 \Rightarrow ウ
\end{aligned}
$$

4つの数の計算（低学年＊数と計算）

```
1 + 2 + 3 + 4 = 10  ⇨  ア
6 − 1 + 2 + 4 = 11  ⇨  オ
1 + 2 + 3 + 6 = 12  ⇨  ア
6 + 5 + 4 − 2 = 13  ⇨  イ
2 + 3 + 4 + 5 = 14  ⇨  ア
1 + 3 + 5 + 6 = 15  ⇨  ア
2 + 3 + 5 + 6 = 16  ⇨  ア
2 + 4 + 5 + 6 = 17  ⇨  ア
6 + 5 + 4 + 3 = 18  ⇨  ア
```

　他の式も発表されたが，なるべく別の式（黒板に書かれた□の式）になるようにして，全部の式が使われるようにしてみた。
　どれも使えるものであり，しかも1通りでなく，**いろいろな子どもに発表の機会**があって，とても愉しい展開となった。

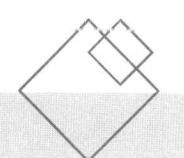

II-2 電卓を使ったオープンエンド
■5から17をつくる
（中学年＊数と計算）

✱✱ 電卓の活用

電卓を使った授業の例である。

算数の授業で電卓を使うとは何事か，と思う先生も少なからずいるかもしれないが，電卓については**第4学年**から使うことが許されている。

その根拠は，**学習指導要領**にある。それも最後の部分である。

「第3　指導計画の作成と各学年にわたる内容の取扱い」の，2－（5）に次のように書かれている。

「問題解決の過程において，桁数の大きい数の計算を扱ったり，複雑な計算をしたりする場面などで，そろばんや電卓などを**第4学年以降**において**適宜用いるようにすること**。その際，計算の結果の見積りをしたり，計算の確かめをしたりする場面を適切に設けるようにすること。また，低学年の『A数と計算』の指導に当たっては，そろばんや具体物などの教具を適宜用いて，数と計算についての意味の理解を深めるよう留意すること」（太字は筆者）

これより前の学習指導要領では，「第5学年以降」ということになっていた。さらにその前の学習指導要領では語尾が「適宜用いるようにすること」ではなくて「使って差し支えない」という文言であった。このことの意味の違いには大きなものがある。

「使って差し支えない」というのは，使っても使わなくてもよいという解釈である。だから，学習指導要領を反映させる教科書には，電卓使用場面

を掲載しているものもあれば，そうでないものもあったのである。
　しかし，それが「適宜用いるようにすること」となった。
　この解釈は，適当な時に必ず使うことといった意味である。したがって，どの教科書会社の編集者も，5年生以上のどこかに入れたのである。5年生以上に入れたのは，整数の計算についての学習が終了している段階で，その後の場面に電卓を入れてよいということであった。それが今回，さらに1学年下がった。つまり，整数の計算の完成半ばであっても自由に使ってよいということになってしまうが，『学習指導要領解説　算数編』では，**整数計算の完成後に使用する**旨が記述されている。
　「第4学年までに，整数の四則計算についての学習が一応完成するので，そうした計算の意味や基礎的・基本的な技能を確実に身に付けつつ，そろばんや電卓などを用いていくようにする必要がある」(p.177)
　それだけ，使用については気を遣いながらやっていかなければならないということである。

　このようなことを踏まえつつ，電卓の使い方について，私は次のような場面があるのではないかと考える。

```
A．計算そのもののための教具として
　A-1　計算の確かめのために使う
　A-2　複雑な計算の処理のために使う

B．考える場のための教具として
　B-1　問題設定のために使う
　B-2　数感覚を磨くために使う
```

　この場合のAにあたるものは，学習指導要領に書かれている趣旨に合致する。『学習指導要領解説　算数編』に，次のような記述がある。

「そろばんや電卓などを活用することで，計算の負担を軽減することができる。そのことで生じた時間的なゆとりを生かして，物事を数学的にじっくり考えたり処理したりする時間に当てることができる。また，複雑な数値を含む実際的な場面からの問題を解決する際にも，そろばんや電卓などを有効に活用するとよい。なお，計算を苦手とする児童に対しても，計算への関心を高めたり，計算の意味についての理解を深めたりするような指導を考慮したい。

そろばんや電卓などを用いる際には，計算の結果がどれくらいの大きさになるかという見積りをするようにして，大きな誤りを防ぐことが大切である。また，計算の結果の確かめをする場面を適宜設ける必要がある」
（p.177-178）

計算の原理がわかった子どもたちは，計算の練習をする。その答えをみんなで時間を揃えて正解かどうかを合わせていくのではなく，一人一人が電卓を持って，**個に応じた答え合わせ**をすることができる。こんな使い方が「A-1　計算の確かめのために使う」方法だ。

そして，上記『学習指導要領解説　算数編』にもあるように，例えば「単位当たりの量」の学習の際に，各自治体の人口密度などを計算する時に，手計算で実際の資料を使って大きな数を割り算していくよりは，電卓を使って計算するほうが処理しやすい。また，実際の資料による計算であれば，**現実の問題を処理する算数の有用性が感じられる**。こんな使い方が「A-2　複雑な計算の処理のために使う」方法である。

さらに，電卓を計算の道具というより，**考えさせる場を提供する教具**として使う方法がある。

例えば，次のような計算をした場合には，子どもたちは問題意識をもって取り組むことになる。

> (A)　4×4×4×4×4×4×4×4×4×4×4×4
> (B)　8×8×8×8×8×8×8×8
> (A)と（B）の計算では，どちらの答えが大きくなるでしょう。

　こんな問題では，計算そのものが大変である。そこで電卓を使っていち早く答えを求める。こんな場合には**「定数計算」**の機能を使ってもよい。「4××＝＝＝…」と計算すればよい。

　すると，どちらの答えも同じになる。16777216だ。
　どちらも同じになれば「おやっ」と思う。
　この「おやっ」という不思議心に寄り添って授業を展開する。
　きっといろいろな子どもの論理で，2つの計算の答えが等しくなるわけを説明することになる。
　例えば，「4×4×4＝64で，8×8＝64となっている。そして，この64が同じだけあるから答えが等しい」などといった説明がある。
　次の式のように表せるものである。

> （4×4×4）×（4×4×4）×（4×4×4）×（4×4×4）
> ＝（8×8）×（8×8）×（8×8）×（8×8）

　このような授業展開のきっかけに電卓を使う方法もある。これが「B-1　問題設定のために使う」方法である。
　そして，最後に「B-2　数感覚を磨くために使う」方法であるが，それがここで実例を紹介するものである。
　電卓を使いながら**数に対する感覚**を豊かなものにしていく授業ということになる。

✳ 5だけ使って

　さて，電卓を使って数そのものを考える授業である。
「今日の授業では，電卓を使って考えることにします。
そして，電卓の数字キーは『5』だけを使います。
数字キー以外では，＋，－，×，÷，＝が使えます」
　まずこれだけを言って子どもの様子を見る。
「それで何をするんですか？」
　早速こんな質問が出る。ああ，前向きな子どもの発言だなと思う。
　そこで，問題を提示する。
「そうだね。5の数字キーだけで，なんとか表示窓に『17』をつくってください」
「ええっ」という声と，「そんなの無理だよ」といった声が出る。
　しかし，もしかしてできるかもしれないといった表情で，すぐに取りかかる子どももいる。
　そして，まだ他にも質問が上がる。
「先生，メモリーのキーは使っていいですか？」
「分数のキーはどうですか？」
　こんな質問の裏側では，これを使ってなにかやってみようという気持ちが働いているのである。
「もしも，それを使ってやれそうなら，その方法も特別にあとで発表してもらおう」
　こう言って，いよいよ試行錯誤の開始である。

✳ 発表

　数分の後，「できた！」という声が上がる。
　そんな子は，もっと他にもつくれないかとすぐに別のものに取りかかろうとする。

そこで,「できたのはいいけれど,後で発表するために『式』に書き残しておこうよ」と誘う。できた子は,自分のノートに式を書いていく。

すると,ここでまたちょっと問題が起こる。式がうまく書けない場合が生じるからである。

そのような時には,式についての注意を喚起するために,みんなが考えている途中でも,一度クラス全員を注目させる。「こんな時には,どうすればいいのかな？」こう言ってみんなの問題にするのである。

「A君が早速できたと言っているから,式に表してもらいます」

A君が黒板に式を書く。

「5＋5÷5＋5＋5＋5＝17」

なんだかおかしい。

このことに気付いた子どもが手を挙げる。

「その式で計算すると,21になるよ」

「どうして？」

「5÷5の計算が先で,それが1。後は足し算だから21だよ」

「でも,電卓では前から順番にやっていくから,17になるよ」

「だったら,式は,5＋5にかっこを付けなければだめだよ」

「そうか。（5＋5）÷5とやれば,これが10÷5だから2になりますね」

式は,次のように修正される。

> （A君）（5＋5）÷5＋5＋5＋5＝17

また,これとは別に,式のうえではできるのだが,電卓ではできないという方法も登場する。

Bさんの書いた,次のような式だ。

> （Bさん）5÷5＋5÷5＋5＋5＋5＝17

式のうえでは，確かに約束事を守って割り算先行で，17になる。
　しかし，これはそのまま電卓ではできない。そのままやれば，16.2ということになる。みんながやってみると「おかしい」と言い出す。
　そこで，これでも何とか電卓を使ってできないかと投げかけると，「2回やっている5÷5の答えの1を，メモしておくしかないよ」という声が上がる。このアイディアを使って，「メモリーキー」の使い方を教えることにする。
　電卓には「M」の文字がついたキーがある。これが，そのメモをすることに使えることを言う。
　簡単に覚えられる次のような方法を教える。

```
【MC】  →  「全部わすれてね」
【M+】  →  「あとでたすからね」
【M−】  →  「あとでひくからね」
【MR】  →  「思い出してね」
```

＊電卓によって【CM】，【RM】と表記されているものがある。

　このような覚え方をすれば，すぐにわかる。
　例えば，「2×3+8÷4」のような計算では，まず電卓の中で記憶しているものを「全部わすれてね」と消す。前のメモリーが入っていると計算の答えが違ってくるからだ。次に，2×3の答えを「あとでたすからね」と記憶させる。そして，8÷4の答えを，やはり「あとでたすからね」と記憶させる。この時点で記憶数値をたしているので，それを「思い出してね」と表記させる。
　つまり，【MC】2×3【M+】8÷4【M+】【MR】とやれば，「8」が表示窓に表記されることになる。

これを知ると，早速Mキーを使う子どもが増える。Bさんの式は次のようになる。

【MC】5÷5【M+】5÷5【M+】5+5+5【M+】【MR】17

さて，そうこうするうちに，他にもいろいろな式ができてくる。
いよいよ本格的な発表となる。
その発表の中で，**17という数をどのように見たかを分析しながら発表していくことにする。それが，数に対する感覚となるはずだ。**
例えば，A君の「(5+5)÷5+5+5+5」は，(5+5)÷5というところで，「2」をつくっているところがポイントである。つまり，17を(2+15)と**分解して見たところが，一つの数感覚となっている。**

はじめに子どもたちに，A君の発表と同様，「5のキーを一度ずつ打つ方法」の発表を聞いた。

(Cさん) (5×5+5+5)÷5+5+5=17

これは，下線部のところで35÷5=7をつくって，17=7+10としているところがポイントとなっている。

(D君) (5+5+5+5+5+5+5+5+5+5
　　　+5+5+5+5+5+5+5)÷5=17

これは，5を17回加えて85とし，85が17の5倍となっていることを使っている。つまり，5×17÷5=17という関係を使っている工夫した方法である。

次に,「5のキーを連続して打っていく方法」を発表させる。

> (Eさん) (55+5)÷5+5=17

これは,ずいぶんと工夫している。

5のキーを2度打ちして,55をつくっている。そして下線部で12ができる。つまり,17=12+5と考えているところがポイントだ。

さらに,この方法だと,キーを押す回数が9回となる。非常に少ない回数だ。このことを強調すると,みんなもその気になって,いかに工夫するかがポイントになってくる。

さて,キーの2度打ちは,他の子どもたちにも面白かったらしく,続けざまに発表があった。

> (Fさん) (55-5-5-5-5)÷5+5+5=17

これは,下線部で35÷5=7をつくっているところがポイントだ。17=7+10と考えていることになる。

> (G君) (555-55-55-55-55)÷5
> －5－5－5－5－5－5－5－5－5－5=17

キーの連続打ちが面白くなって2度打ちばかりをしている。
335÷5=67をつくり,50をひく考えである。

> (Hさん) (555-5)÷5÷5-5=17

これは下線部で22をつくっている。17=22-5としているところがポイントとなる。

5から17をつくる（中学年＊数と計算）

今度は,「電卓の特別な機能を使った方法」の発表である。
定数計算や,**メモリーキー**,あるいは,**分数計算**などを駆使した発表である。

> （I君）（5÷5）++====……====17

定数計算の機能を使っている。まず,1をつくり,それを累加していくために「=」のキーを16回押すのである。

> （Jさん） 55÷5++=-5=17

これはやはり定数計算の機能を生かしている。11+11=22で,そこから5をひいている。Hさんの数感覚と同じだ。また,この方法はキーを押す回数も少ない。10回である。

> （K君）【MC】55÷5【M+】5÷5【M+】5【M+】【MR】17

メモリーキーを使っている。要するに,11+1+5という計算になっている。この機能を上手に使いこなしているといえる。

> （L君）【MC】5【M+】【M+】【M+】5÷5【M+】【M+】【MR】17

これは,17=15+2として考えていることがわかる。

> （Mさん）【MC】5÷5+5【M+】【M+】5【M+】【MR】17

これは,17=12+5という考え方である。
　I君と同じ考え方であるが,「分数電卓を使う方法」もあった。

> （N君） 5【分の】5＋＋＝……17

$\frac{5}{5}$＝1で，これを定数計算して17にするという方法である。

まだまだ，方法はたくさんあるのだが，この授業では，おおむねこの4種類の方法に分けて整理してみた。

17という素数を見て，なんとか5という数でそれを構成してみるという体験をした。1つの数をいろいろに合成・分解するところにこの授業のねらいがある。
また，電卓を駆使することで，その自由な使い方も体得していくことができた。

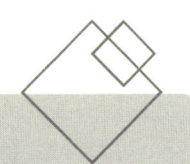

II-3 オープンエンドで研究授業
■分数の大きさ比べ
（中学年＊分数）

「分数の大きさ比べ」についての実践である。

ここでは，まず，2005年7月に私が筑波大学附属小学校の算数公開講座で実践した授業について「学習指導案」を紹介する。ただし「展開」の部分は実際の授業を再現したものに改めた。「分数」の基本の考えを記述してあるので，若い先生方には参考になるであろう。

第4学年　算数科学習指導案

日　時　平成17年7月17日（日）
　　　　算数公開講座
場　所　筑波大学附属小学校講堂
対　象　筑波大学附属小学校4部4年
指導者　筑波大学附属小学校副校長
　　　　坪田　耕三

研究主題　数の大小比較の授業はどうあるべきか。

1．題　材　　分数
2．研究主題について
(1)「分数」の導入について

平成11年の学習指導要領改訂によって，「分数」の扱いは，すべて第4学年になった。

分数の意味については，『小学校学習指導要領解説 算数編』（1999年，p. 115）によると，$\frac{2}{3}$を例にして，次の5つの捉え方を示している。

①　3等分したものの2つ分の大きさを表す。
②　$\frac{2}{3}$ℓ，$\frac{2}{3}$mのように，測定したときの量の大きさを表す。
③　1を3等分したもの（$\frac{1}{3}$）を単位にした2倍の大きさを表す。
④　AはBの$\frac{2}{3}$というように，Bを1としたときのAの大きさの割合を表す。
⑤　整数の除法「2÷3」の結果（商）を表す。

そして，この学年では，導入にあたって上記の①，②，③などの考え方を用い，④や⑤については，第5学年以降で取り扱うと述べている。

分数の導入は，かつては第2学年で扱っていたこともあり，改訂前までは第3学年からの導入であった。

分数の導入について歴史を振り返ってみる。次の通りである。

● **黒表紙教科書**　⇨　第4学年
【何分の何とはいくつかに等分したるものをいくつか集めたものになること，したがってある数を5で割りたるものはその数の五分の一，5で割りたるものの3倍はその数の五分の三なることを授くべし】（第4学年教師用書）

【分数とは幾分のいくつと唱ふる数にして，1をいくつかに等分したるものをいくつか集めたるものなり】

【整数を整数で割りたる商は，被除数を分子とし除数を分母とする所の分数なり】（第6学年）

● **緑表紙教科書**　⇨　第3学年
【分数は1をいくつかに等分した数，または，その等分したものをいくつか寄せた数を言うのであることは明白であるが，ある量または数をいくつ

かに等分すること，またはその等分したものをいくつか寄せ集めること，というように理解されがちである。すなわち，例えば$\frac{1}{3}$を一つの数と考えずして，あるものを3で割ったその一つと考える。換言すれば，「三分の一」を一つの処理方法のごとく考えがちである。「何分の一」という言葉はこのような意味に用いられるが，これでは真の分数の意味が理解せられず，その適用が十分に図られないことになる。さればと言って，上記のような定義を教えて，抽象的な数として最初から教えることの不当なることはもちろんのことである】

【分数の概念は，一個の物の分割から出発すべきである。上記のごとく第1・2学年でこのことは指導して来ている。だが，物に関する限りは，分数の萌芽ではあるが分数そのものではない。分数というには，数1を分割したものという意味にならねばならぬ】（教師用書）

なお，戦後の学習指導要領のもとでは，扱いのはじめの学年が次のように移り変わっている。

- 昭和22年学習指導要領（試案）　⇨　第3学年
- 昭和26年学習指導要領　　　　　⇨　第1学年
- 昭和33年学習指導要領　　　　　⇨　第2学年
- 昭和43年学習指導要領　　　　　⇨　第2学年
- 昭和52年学習指導要領　　　　　⇨　第3学年
- 平成11年学習指導要領　　　　　⇨　第4学年

2004年6月に発表した，筑波大学附属小学校のカリキュラム「**筑波プラン**」では，「分数の扱いは，低学年から」「簡単な場合の異分母分数の大小比較を，中学年で」という方針を打ち出した（『子どもの豊かさに培う共生・共創の学び－筑波プランと実践－算数』東洋館出版，2004年）。

(2) 分数の大小比較について

　分数が1個のものを等分したものという素朴な概念から始まるのならば，その大小比較の第一段階は，**単位分数同士の比較**となる。

　例えば，$\frac{1}{4}$と，$\frac{1}{5}$のような分子が1の場合である。これはその意味から1を等分する数の小さいほうが大きいということで，$\frac{1}{4} > \frac{1}{5}$ ということになる。

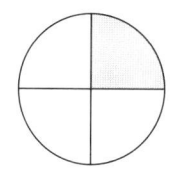

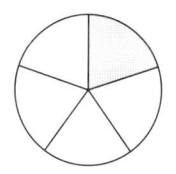

　このことの発展として，次のような特殊な分数同士の比較も工夫次第で大小が比較できる。$\frac{3}{4}$と，$\frac{4}{5}$のような場合である。

　これは，$\frac{3}{4}$は，あと$\frac{1}{4}$で1になり，$\frac{4}{5}$は，あと$\frac{1}{5}$で1になる分数である。こう考えれば，単位分数同士の比較と考えることができる。ただし，次のような推論が必要になる。

$$\frac{1}{4} > \frac{1}{5} \quad \rightarrow \quad \frac{3}{4} < \frac{4}{5}$$

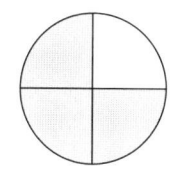

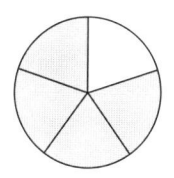

　次に，分数が単位分数のいくつ分かで表せることを知って比較する場合がある。

　その大小比較については，例えば，$\frac{2}{5}$は$\frac{1}{5}$が2個を表し，$\frac{3}{5}$は$\frac{1}{5}$が3個を表しているから，$\frac{1}{5}$を単位として，2＜3ということになることを意識し，その大小を決めることになる。

　このことから，分数の大小比較の第二段階は，**真分数同士**の次のような

分数の大きさ比べ（中学年＊分数）　　65

場合である。

$$\frac{2}{5} < \frac{3}{5}$$

さらに第三段階では、このことをもとにした**仮分数や帯分数についての比較**である。ここでは、仮分数や帯分数の特徴を強く意識することができる。

例えば、次のような場合である。

$$\frac{11}{3} > 3\frac{1}{3}$$

仮分数には、単位分数をもとにそれがいくつあるかということがよくわかるという特徴がある。$\frac{11}{3}$は、一目見ただけで、$\frac{1}{3}$が11あることがわかる。しかし、数としての大きさがわかりにくい。

これに比べて帯分数は、単位分数がいくつあるかはわかりにくいのだが、数としての大きさはわかりやすい。$3\frac{1}{3}$は、3と4の間にあり、しかも3のほうに近いということがすぐに納得される。

このような特徴を意識してこれらの分数の比較ができることが大切であると考える。

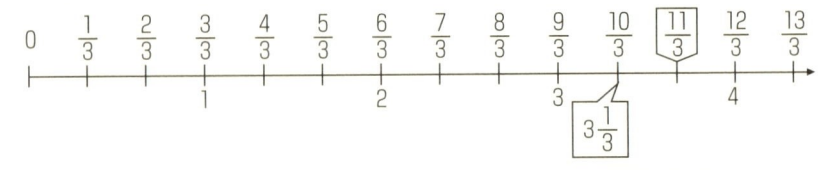

そして，第四段階として，単位分数が異なる場合の分数同士の比較である。いわゆる**異分母分数の比較**である。

例えば，次のような場合である（この数値の場合は，前述した1に対する補数が単位分数になっているが，これを一般化して考えることにする）。

$$\frac{3}{4} < \frac{4}{5}$$

この場合には，分数の性質として，同じ大きさのものを多様に表記できるという特徴を使う。

$$\frac{3}{4} = \frac{6}{8} = \frac{9}{12} = \frac{12}{16} = \frac{15}{20} = \cdots\cdots$$

$$\frac{4}{5} = \frac{8}{10} = \frac{12}{15} = \frac{16}{20} = \cdots\cdots$$

このことから，$\frac{15}{20} < \frac{16}{20}$ として比較することが可能になる。原理は，同じ単位分数を考えて比較するということである。

(3) 本時の扱いについて

4年生で扱う「分数」が，1未満の真分数から始まって，それが，1以上の仮分数・帯分数の扱いまで同一学年で一気に行われるようになった今期の学習指導要領ではあるが，そこで扱われる分数についての大小の比較を考えることが必要である。

本時の授業以前には，パターンブロックという教具を使ったゲームを行い，帯分数・仮分数の概念について授業した。

パターンブロックは，次の6種類の色のついた積み木である。詳細については，シリーズ②『算数楽しく　ハンズオン・マス』を参照されたい。なお，本書の75ページに，コピーして子どもたちに配布をすればパターンブロックの授業ができるようにひな形を掲載した。

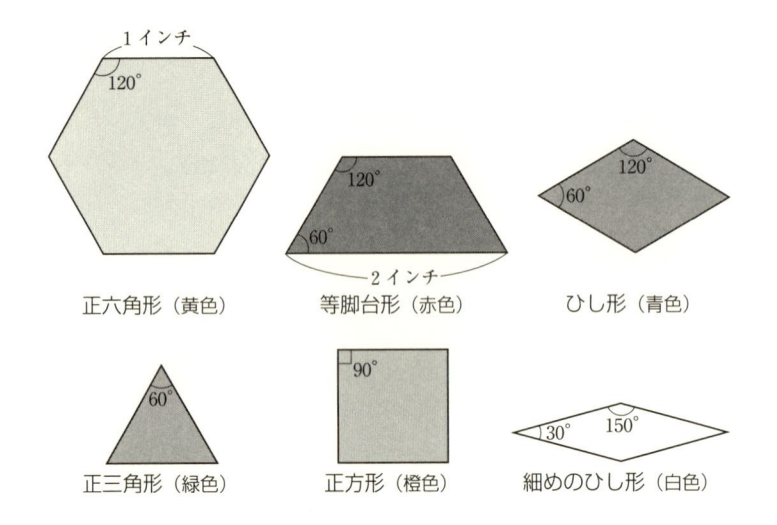

正六角形（黄色）　等脚台形（赤色）　ひし形（青色）

正三角形（緑色）　正方形（橙色）　細めのひし形（白色）

　具体的には，黄色の正六角形のブロックを「1（シンザ）」という単位にして，赤の等脚台形のブロックを「$\frac{1}{2}$（シンザ）」，青のひし形のブロックを「$\frac{1}{3}$（シンザ）」，緑の正三角形のブロックを「$\frac{1}{6}$（シンザ）」という分数を使った表現で，ゲームの結果を表現するところにポイントを置いた授業であった。これは，ジャンケンで勝ったら相手のコマを取ることができて，最終的に自分の持っているコマを合計して表現するゲームである。ちなみに，「シンザ」という単位は，私が学級で「新左衛門」と呼ばれているので，こうなっただけのことである。

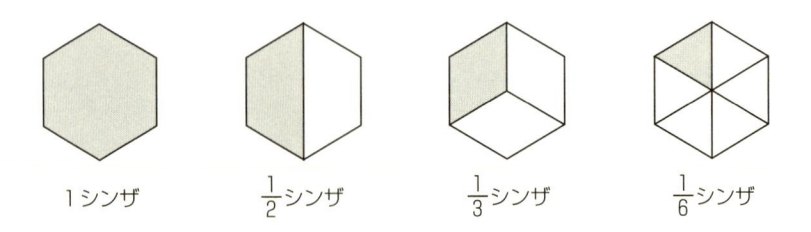

1シンザ　　$\frac{1}{2}$シンザ　　$\frac{1}{3}$シンザ　　$\frac{1}{6}$シンザ

このことで，手元にあるブロックの全体を，例えば「$8\frac{2}{6}$（シンザ）」と言ったり，「$\frac{50}{6}$（シンザ）」ともいえると確認したり，「$\frac{2}{6}$（シンザ）は，$\frac{1}{3}$（シンザ）と同じ価値だ」ということが納得されたのである。

　そこで，この授業では，筑波大学附属小学校のカリキュラム「筑波プラン」の中学年の内容をここで実現するために，簡単な場合における異分母分数の比較を行うことを考えた。

　簡単な場合というのは「具体物でイメージができる場合」といえるくらいのことである。

　例えば，パターンブロックを扱うことで，$\frac{5}{6}$と，$\frac{2}{3}$との比較ならば，ブロックを仲介にして，具体的に大小の比較ができることになる。

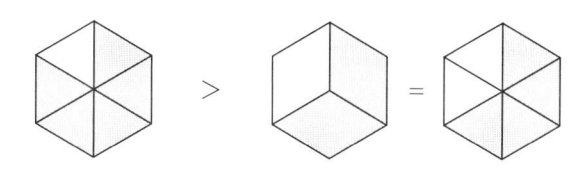

　また，事前の学習で作成した次ページの図のような「分数ものさし」なども，分数の大きさを直感的に把握するのには役立つかもしれない。

　子どもがもつ具体的なイメージを駆使して，分数の大小を比較していく際にどのように説明していくかが授業の中で見たいところである。

　具体的には，「数カード」を使ってゲーム的に分数をつくり出し，その分数の大きさを吟味する活動が，自然に大小の比較になっているという場を構成したい。

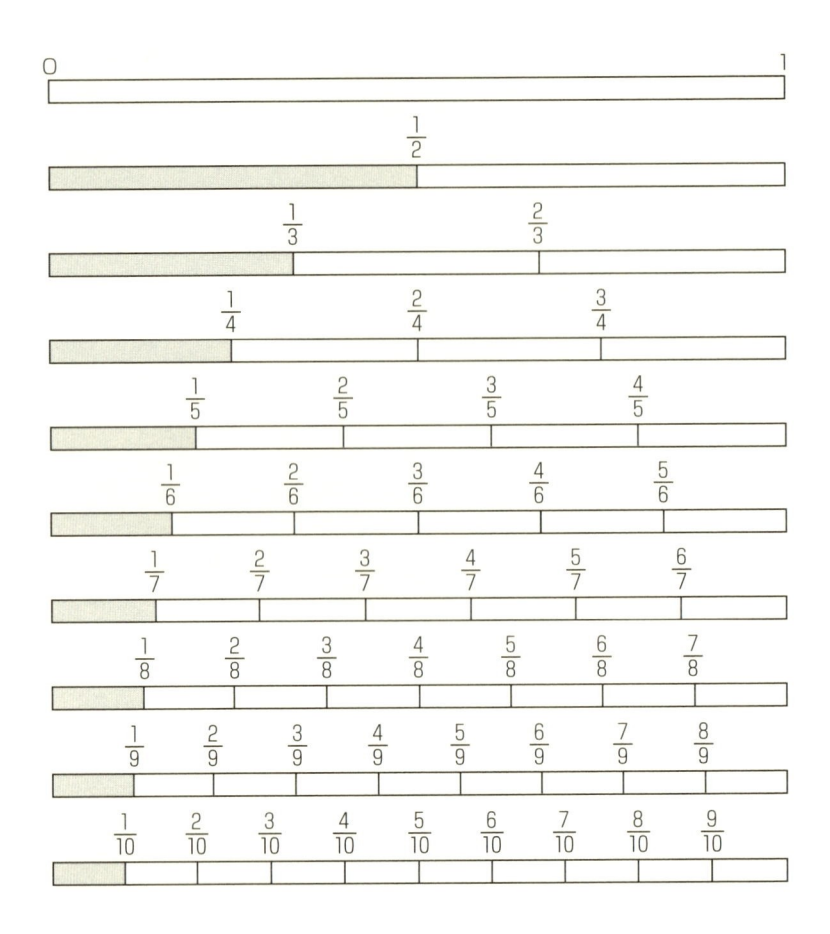

3. 目 標

分数の意味と，その表し方について理解できるようにする。

4. 指導計画

① 分数の意味を理解する（単位分数と真分数）……2時間

② 1を超える分数を理解する（仮分数と帯分数）…4時間

③ 分数の大小比較………………………………2時間（本時は1時間目）

5．本時の展開
(1) 目　標
　分数の大小比較の活動を通して，分数の意味についての理解を深める。
(2) 展　開

学　習　活　動	指導上の留意点
1．「数カード」を使って，3枚選ぶとどんな数ができるかを試してみる。 （整数のカードを3枚取って，どんな数がつくれるか考える）	①整数の「数カード」を使って，3枚選ばせて，数を構成させる。 （例）　1　7　9
・整数だったら 　→「971」「719」「917」 ・分数もできる 　（1を横線にして） 　→　9／7	・「整数だったら」と考えたり，「分数だったら」と考えたりしていろいろな数を構成してみる。 　（子どもの発想で，1の数字を横に倒して，分数の括線にしようと発想する子もいたが，分数の括線は自由につけてよいと約束する）

分数の大きさ比べ（中学年＊分数）

2．3人一組でカードを引き，その3枚で，指定した数に最も近い数をつくることにする。
　ゲームとして，最も近い数をつくれれば勝ちということにする。

②指定数「3」に近い数をつくらせる。つくった分数同士の大小比較を考えさせる。
　（例）｛1，3，5｝
　→ $3\frac{1}{5}$ や $1\frac{5}{3}$ （＝ $2\frac{2}{3}$）

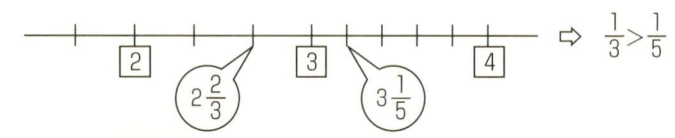

⇨ $\frac{1}{3} > \frac{1}{5}$

（3人でつくった分数）
｛2，4，8｝ ⇨ $2\frac{8}{4} = 4$
｛2，3，8｝ ⇨ $\frac{32}{8} = 4$
｛1，7，4｝ ⇨ $4\frac{1}{7}$
｛1，7，4｝ ⇨ $7\frac{1}{4}$
｛1，3，8｝ ⇨ $3\frac{1}{8}$
｛4，6，9｝ ⇨ $4\frac{6}{9} = 4\frac{2}{3}$
｛4，7，9｝ ⇨ $4\frac{7}{9}$

・つくった分数を画用紙に書いて黒板の数直線上に置く。

$\{4, 7, 8\} \Rightarrow 4\frac{7}{8}$

$\{1, 2, 8\} \Rightarrow 1\frac{8}{2} = 5$

$\{2, 6, 7\} \Rightarrow 2\frac{7}{6} = 3\frac{1}{6}$

$\{6・8・9\} \Rightarrow 6\frac{8}{9}$

$\{1, 6, 9\} \Rightarrow 1\frac{9}{6} = 2\frac{3}{6} = 2\frac{1}{2}$

3．分数の大小を決定する理由を言う。	③分数の大小比較の方法をいろいろ説明させる。 ・1を等分する意味に立ち返っての説明。 ・単位分数の何倍かに基づく説明。 ・形式的方法による説明。 ・「分数ものさし」を使っての説明。

4．大小比較の方法について，それぞれのよさを確認する。	④子どもの考えた方法について，その特徴を振り返り，確認する。 ・分数の特徴を見つけて価値づける。 ・仮分数は，単位分数がいくつあるかがよくわかる。 ・帯分数は，その数の大きさがすぐわかる。

コピーしてすぐに使える教具のひな形

▼パターンブロック

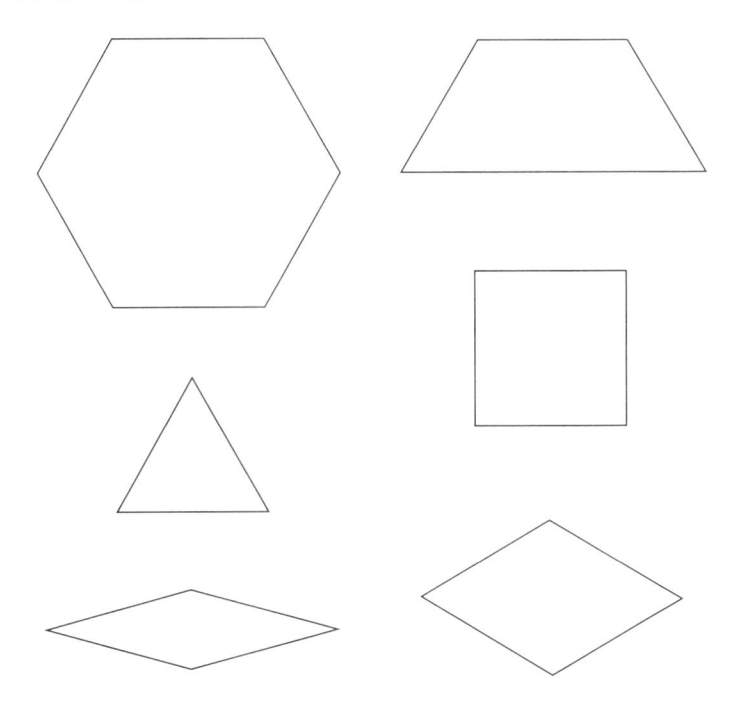

★作り方
① 実線をはさみで切ります。
② ピースの表と裏に同じ色をぬります。実際のパターンブロックの色は，正六角形が黄，等脚台形が赤，正三角形が緑，細めのひし形（小）が白，ひし形（大）が青です。
これで出来上がりです。

さんすうコラム ①

ジオボード上の正方形

　ジオボードという教具がある。板に釘を打ったものに輪ゴムをひっかけて図形を作るものである。一般に釘は格子点上に打ってある。
　ここに大きさの異なる「正方形」を作るという課題を出す。例えば，図のような6×6の格子点を考える。
　すると，次のような正方形が作れる。どれも異なった大きさになっている。単位となる正方形を1とすれば，それぞれの面積は，方眼を利用して，そこに書かれている数値になることはよくわかる。

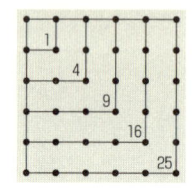

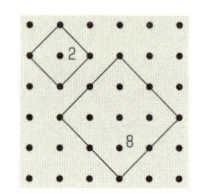

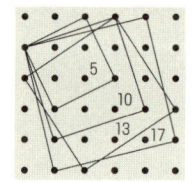

　ところで，この正方形は輪ゴム1本で構成したものである。
　これを「輪ゴム2本で」としたら，どうだろう。
　以下の図のように，平行四辺形を2つ，直交するようにひっかけると，その真ん中に正方形が作れる。
　だが，この正方形の面積を求めるとなると，容易ではない。 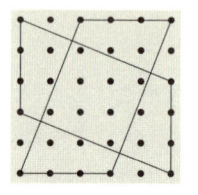
　例えば，右のような場合はどうであろうか。
　この場合，輪ゴムで作られている平行四辺形の面積は，格子点を利用した底辺と高さを使えば，「3×5」として求められる。
　そして，今度はこの平行四辺形の底辺をもう一方の辺として見れば，中にできる正方形の一辺を求めることにもなる。もう一方の辺の長さは，平

行四辺形の外にできている直角三角形を利用して三平方の定理を使って求めることが可能である。

ここでは，この辺の長さは，$\sqrt{5^2+2^2}=\sqrt{29}$ である。

したがって，正方形の一辺の長さは，$\frac{15}{\sqrt{29}}$ となり，正方形の面積は，$\left(\frac{15}{\sqrt{29}}\right)^2 ≒ 7.8$ となる。

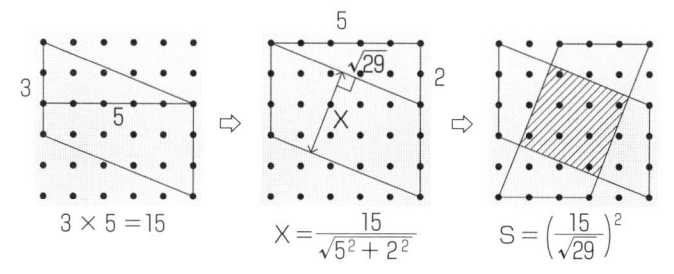

$3 \times 5 = 15$

$X = \frac{15}{\sqrt{5^2+2^2}}$

$S = \left(\frac{15}{\sqrt{29}}\right)^2$

このように考えると，2本の輪ゴムでできる大きさの異なる正方形はもっともっとたくさん考えられることになって，追究はやまない。

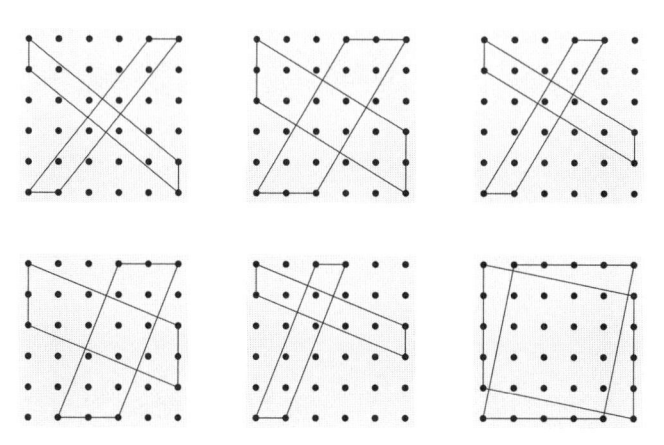

（この他にもたくさん考えられる）

III

条件不足の問題

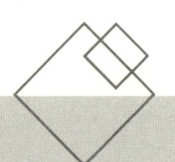

III-1 虫食い算でオープンエンド
■□の中はどんな数？
（低学年＊たし算）

✱✱ 虫食い算

「**虫食い算**」は古来から楽しまれている算数の問題である。

平山 諦著『東西数学物語』（1981年増補3刷，恒星社）の「第6節　虫食い算」には，虫食い算の由来について次のような記述があった。

「わが国には古くから虫食い算があった。この名前も古い。わが国の昔の紙は虫に食われ易いので，自然にこの名前が起こったものであろう。古証文などの実例を利用して，和算書にはときどき見られる。……」（p.357）

また，「虫食い算の味」として，その有効性をも述べている。

「この虫食い算が人の興味をそそったわけは，（ⅰ）問題が必ず解けること。（ⅱ）問題の解が一つか二つで，いくらでもあっては意味がなくなる。（ⅲ）一見してすぐわかる問題では面白くないことは，もちろんである。……」（p.358）

　本来の「虫食い算」であれば，この指摘はそのとおりだといえようが，算数の授業となれば，（ⅱ）の有効性については，あえて逆の立場をとりたい。問題の解が一つか二つというのではなく，多様に設定されるもののほうが子どもの活躍が大きく期待できるからである。まさしくオープンエンドの問題がよいということである。

　また，多様な解に対して，そこに関数的な意味が見いだせれば，さらに数学的な考え方を促すよい問題になるのではないだろうか。

ここでは，そんな問題に取り組む授業例を紹介する。

✻✻ □の中は？

基本的なたし算の筆算を学習した子どもたちに，今度は3けた同士のたし算について考えさせる。

すこし慣れたところで，次のような問題を出すことにする。

黒板に，□ばかりが次のように並ぶ。

黒板の横には，数カードを用意しておく。同じ数もいっぱいある。

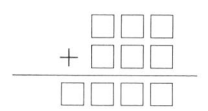

$$
\begin{array}{r}
\square\square\square \\
+\square\square\square \\
\hline
\square\square\square\square
\end{array}
$$

全ての□が空白なので，こんな筆算は自由に数値を入れていくらでもつくれることになる。三位数同士のたし算で答えが四位数になる場合である。だが，この問題の意味がわからない子もいるので，とりあえず一つ二つやってみることにする。

「この□にどんな数を入れれば，この計算が完成するかな。数カードを入れてみよう」

早速，手が挙がって，何人かが前に出てきて発表する。

$$
\begin{array}{r}
987 \\
+654 \\
\hline
1641
\end{array}
\qquad
\begin{array}{r}
345 \\
+876 \\
\hline
1221
\end{array}
\qquad
\begin{array}{r}
555 \\
+666 \\
\hline
1221
\end{array}
$$

「どれも合ってますね。でも，少々やさしすぎたかな」

「では，先生がはじめから少しカードを入れて，もうそこの数は決まっているということにしたらどうかな？」

「問題はやさしくなるのでしょうか。それともむずかしくなるのでしょうか？」

□の中はどんな数？（低学年＊たし算）

こんな問いかけをしてみる。

すると,「□の数が減るから簡単になるよ」とか「そうじゃないよ。何を入れるか考えなくちゃ。自由じゃなくなるから,むずかしいよ」といった声が聞こえてくる。

そこで,早速「では,先生が,勝手に数カードを入れますよ。もうこれは変えられませんよ」と言って,カードを5枚,次のように置いてしまう。

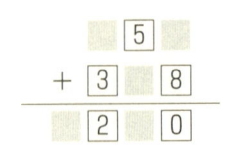

$$\begin{array}{r} \square\,5\,\square \\ +\,3\,\square\,8 \\ \hline \square\,2\,\square\,0 \end{array}$$

「えっ,答えまで決まってるの？」

こんな声がある。

また,質問もある。

「□の中は,全部同じ数ですか？」

「いいえ,さっきと同じように□は同じ数とは決まっていませんよ。でも,なんでもいいとはかぎらないねえ」

「答えは,1つに決まってるんですか？」

「さあ,どうかな。1つになるかどうか,やってみてからのお楽しみということにしよう」

こんなやりとりがある。

✽ 発表

しばし,自由にノートの上でやってみる。

しばらくやっているうちに「先生,答えが他にもあります」と言う声が聞かれ始める。自分でやっていて,とりあえず1つの答えが見つかった後に,**他にも答えがみつかった**ということを言っているのである。

そこで,「どうやら,何人もの人が,いくつかの答えを見つけたようだから,そろそろ発表してもらおうかな」と言って,何人かを指名する。

指名された子は、それぞれノートを持って黒板のところへやってくる。

```
(A)     9 5 2        (B)     9 5 2
      + 3 0 8              + 3 3 8
      -------              -------
      1 2 6 0              1 2 9 0

(C)     8 5 2        (D)     9 5 2
      + 3 6 8              + 3 1 8
      -------              -------
      1 2 2 0              1 2 7 0
```

✳ 関係を見つける

いくつかの答えが発表された。

4人ともちがっていた。

そして、他の子どもたちの中にも、まだ手を挙げている子もいる。

そこで、まず、黒板に書かれたものについて説明をしてもらう。むろん、書いた子どもとは別の子どもにである。

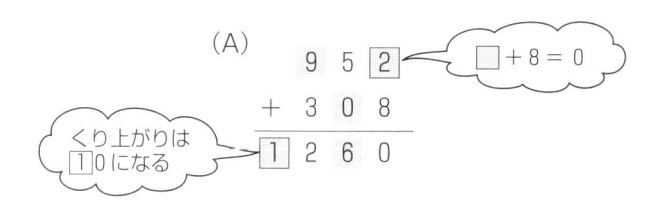

```
(A)   9 5 [2]     ← □+8=0
    + 3 0 8
    ---------
    [1] 2 6 0     ← くり上がりは □ 0 になる
```

「一の位は答えが0となっているので、これで繰り上がるということがわかります。そしてちょうど10になっている数です。だから、一の位の上の□は『2』に決まっています。

それから、答えの千の位も『1』に決まっています。2個のたし算では繰り上がりが絶対に2にはなりません」

式化しての発表もあった。

「一の位は，□+8＝10 だから，□＝2 とわかります。そして，繰り上がりは10だから，千の位には1以外は入りません」

先の（A）についていえることは，他の式についても同様だということがわかる。

```
(B)    9 5 2        (C)    8 5 2        (D)    9 5 2
     + 3 3 8             + 3 6 8             + 3 1 8
     1 2 9 0             1 2 2 0             1 2 7 0
```

そこで，今度は，「この4個の答えの発表で，なにか気付くことはないかな？」と問いかけてみる。

話をしやすくするために，□の中に記号を入れる。

```
      ウ 5 ア
    + 3 エ 8
    イ 2 オ 0
```

いろいろ気付いたことを言い始める。

「百の位に繰り上がりがなければ，□+3＝12 だから，□＝9 で，ウは9になります」

「百の位に繰り上がりがあると違ってきます」

「その時は，□+3＝11 になるはずだから，□＝8 で，ウは8になります」

「ウが9のときは，十の位と百の位の間が境目になって，右と左の計算は別に考えてもいいと思います」

なかなか鋭い見方である。

これまではっきりしたことを板書しておく。

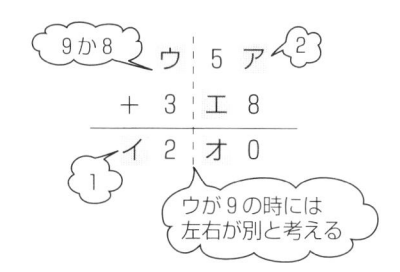

```
         ┌9か8┐  ウ │ 5  ア ┌2┐
                + 3 │ エ  8
                ─────────────
                 イ   2  オ  0
         ┌1┐
                      ┌ウが9の時には┐
                      │左右が別と考える│
```

問題は，エとオである。

「それでは，残ったエや，オはどんな数になるんだろう？」

「それは，なんでも入ります」

「えっ，でも上が決まってから，下が決まるんだよ」

「なんでもいいっていうわけじゃないよ」

こんな声が聞こえる。

そこで，「じゃあ，もう少し，ていねいに言ってくれるかな？」

こう聞くと，また，いろいろな答えが返ってくる。

「十の位には，1が繰り上がっています。だから，エのところが小さければオは繰り上がらないですみます」

「もっと詳しく言える人はいるかな？」

「エが0だったら，オは6です。エが1だったら，オは7です」

なかなかいい言い方をしているので，これをみんなにもわかるように，再度黒板に書いてみる。

表を意識した書き方だ。

エ	0	1	2	3	4	5	6	7	8	9
オ										

こんな表を書いてみて，「エは，0から9まで書いたけれど，どの場合も

あるのかな？」

こう問いかけた。

「あります」

「じゃあ，エが決まれば，下のオも決まってくるんだな。みんな順番に考えてみよう」

みんなにゆっくり考えさせてみる。

今度は，**試行錯誤的に考える**のと違う。上を決めて，それに従って下を決めるという作業である。

一つ一つをしっかり考えなければならない。

エ	0	1	2	3	4	5	6	7	8	9
オ	6	7	8	9						

ここまでは，簡単に埋まった。

しかし，この先がちょっと難しい。

「もしも，エが4だったらどうなるのかな？」

「一の位から繰り上がって，十の位は，ちょうど10になります」

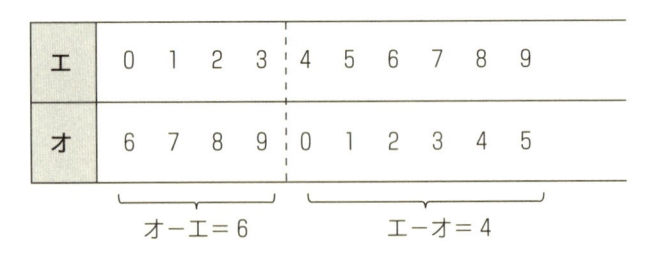

エ	0	1	2	3	4	5	6	7	8	9
オ	6	7	8	9	0	1	2	3	4	5

　　　　オ－エ＝6　　　エ－オ＝4

「また，繰り上がりだ」

こんなやりとりがあると，またこの続きが見えてくる。

この表を完成すると，また，**新たな発見**がある。

「エの3と4の間に，区切りがあって，その左側では，オ－エ＝6になっ

ています」

「その右側は,エーオ＝4になっています」

これは,それぞれの差が一定になっていることの発見であり,非常に**数学的な見方**だといえるものである。

✸ 答えを並べる

ここまで,発見したところで,この答えを順にきれいに並べることにした。この虫食い算には答えが全部で10個もあって,しかも無作為に並んでいるものではなくて,順序よく並べることができ,その裏には,数学的なきまりがあるんだということを,子どもたちは見ることができたのである。

(百の位への繰り上がりあり)

```
    8 5 2         8 5 2    (C)   8 5 2
  + 3 4 8       + 3 5 8       + 3 6 8
  -------       -------       -------
  1 2 0 0       1 2 1 0       1 2 2 0

    8 5 2         8 5 2         8 5 2
  + 3 7 8       + 3 8 8       + 3 9 8
  -------       -------       -------
  1 2 3 0       1 2 4 0       1 2 5 0
```

(百の位への繰り上がりなし)

```
(A)   9 5 2    (D)  9 5 2         9 5 2
    + 3 0 8       + 3 1 8       + 3 2 8
    -------       -------       -------
    1 2 6 0       1 2 7 0       1 2 8 0

(B)   9 5 2
    + 3 3 8
    -------
    1 2 9 0
```

□の中はどんな数？(低学年＊たし算)

さんすうコラム ②

□を4つに

「学級通信」や「算数通信」などで，時々「面白問題」を提示する。

すると，子どもたちは夢中になって考える。家に持ち帰って，家中で話題になることもある。「お父さんが夢中になってしまいました」といった感想を寄せてくる。このような家庭はいい環境にあるなと感じる。子どもとともに考えて楽しめる雰囲気をもっているからだ。

ある時，マッチ棒の問題を出した。

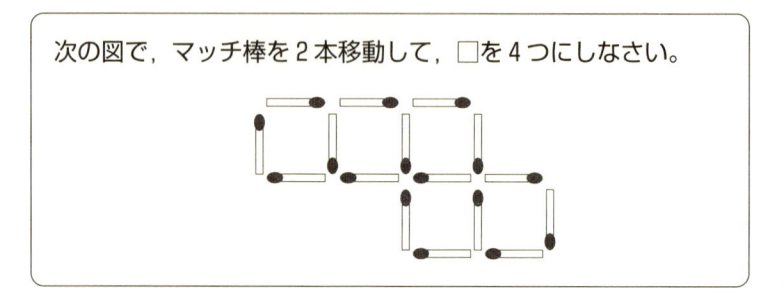

> 次の図で，マッチ棒を2本移動して，□を4つにしなさい。

この問題自体は古くからのものであるが，過日，電車の中で見た広告に，缶コーヒーの宣伝で，このマッチ棒の部分が缶コーヒーの写真になっていた。それが人目をひき，とても面白いと感じたことがある。これを学級通信に問題として出してみた。

実は，この問題の□は「合同な正方形」という意味で提示したつもりであったので，次のようなものが，意図した答えであった。

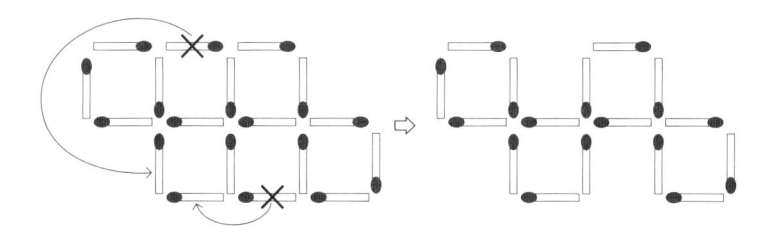

（解答）

　辺でつないでいた正方形5個が，頂点でつながると4個になるという面白さだ。16本のマッチ棒で4個の正方形を作らなければならないのだから，16÷4＝4となって，4本で正方形1個を作ればよいと気付くところに数学的な面白さが潜んでいる。

　しかし，解答のなかには，重なって数える大きさの違う正方形の場合や，もちろん大きさの同じ正方形の場合など様々に答えがあり，違う発想のものがたくさんあって，とても愉しいものになった。

　なかでも印象深いのは，ある父親からもらった手紙である。

　「昔からパズル等が好きだったので，『新左衛門のおもしろもんだいコーナー』を愉しくやらせていただきました。

　考えてみた解答を別紙に添付します。考える度に解答数が増え，いったいどのくらいあるのか，よくわかりません。とりあえず「重なりや無効となるマッチ棒がないこと」を条件としました。父より。（p.s.土曜日に娘に持たせたところ，そのまま持ち帰ってきましたので，再度持たせます）」

　こんな手紙である。子どもは，お父さんのほうがあまりにも夢中になってしまったので，臆して先生に手紙を出しそびれたのかもしれない。ほほえましい姿である。

　ここでは，問題の「□」を「四角形」と考えて，正方形はもちろん，大小とりまぜた長方形も許容し，まさしくオープンエンドの問題となった。

　その解答は次のようなもので，当初の予定の答えは27番のものである。

さんすうコラム ②　89

解答1　解答2　解答3

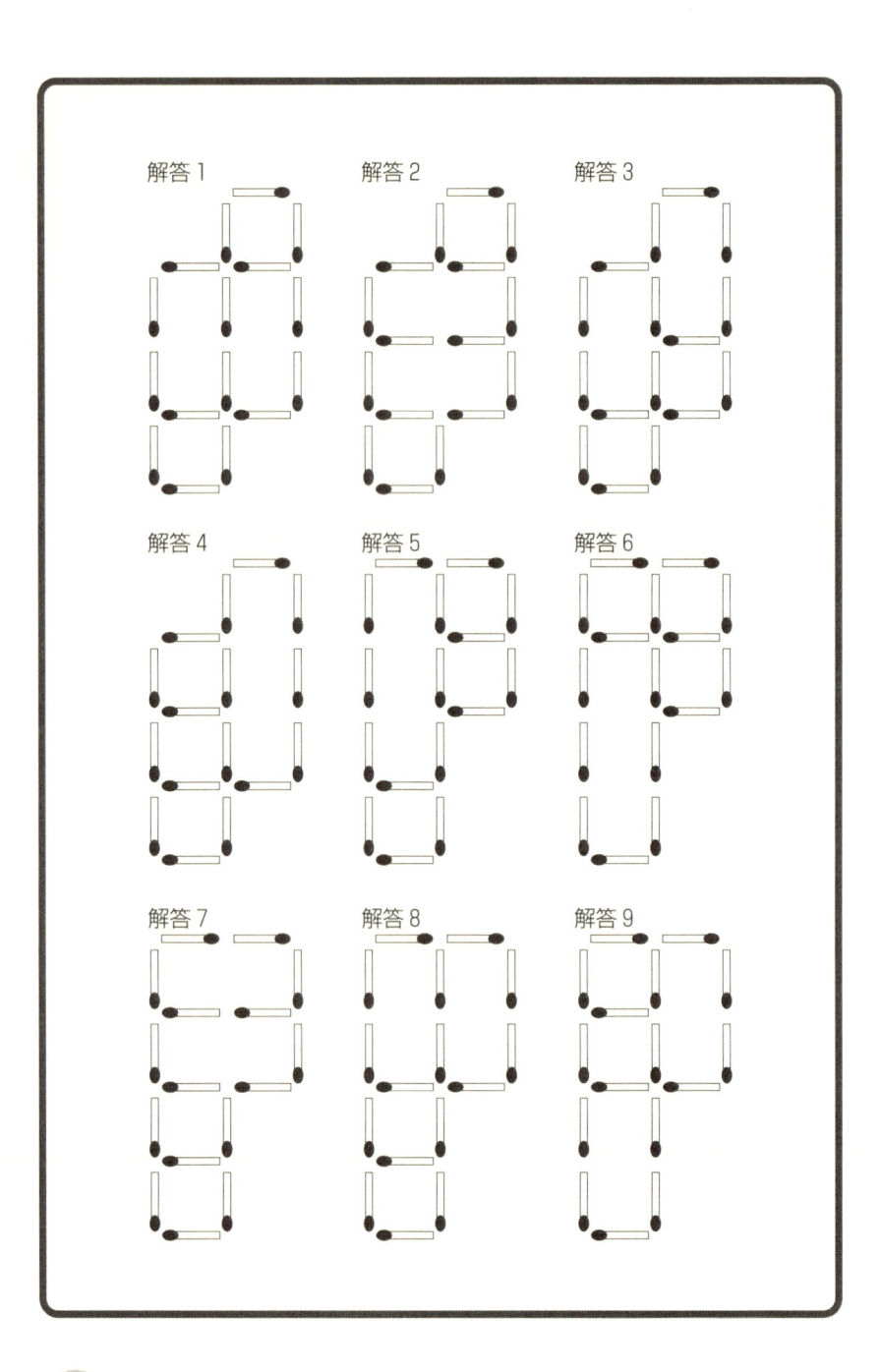

解答4　解答5　解答6

解答7　解答8　解答9

Ⅲ-1　虫食い算でオープンエンド

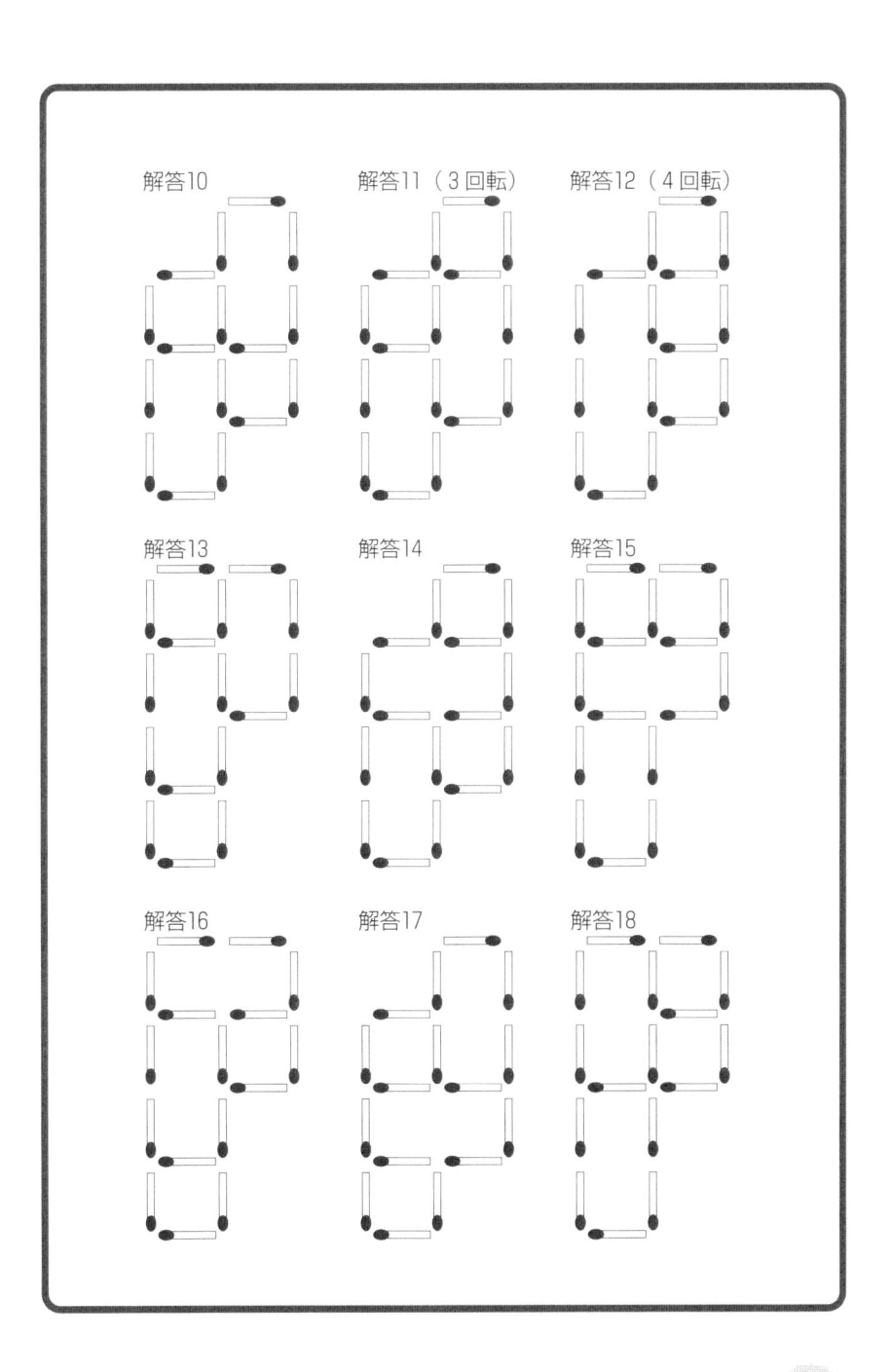

解答10　解答11（3回転）　解答12（4回転）

解答13　解答14　解答15

解答16　解答17　解答18

さんすうコラム ②

解答19　解答20　解答21

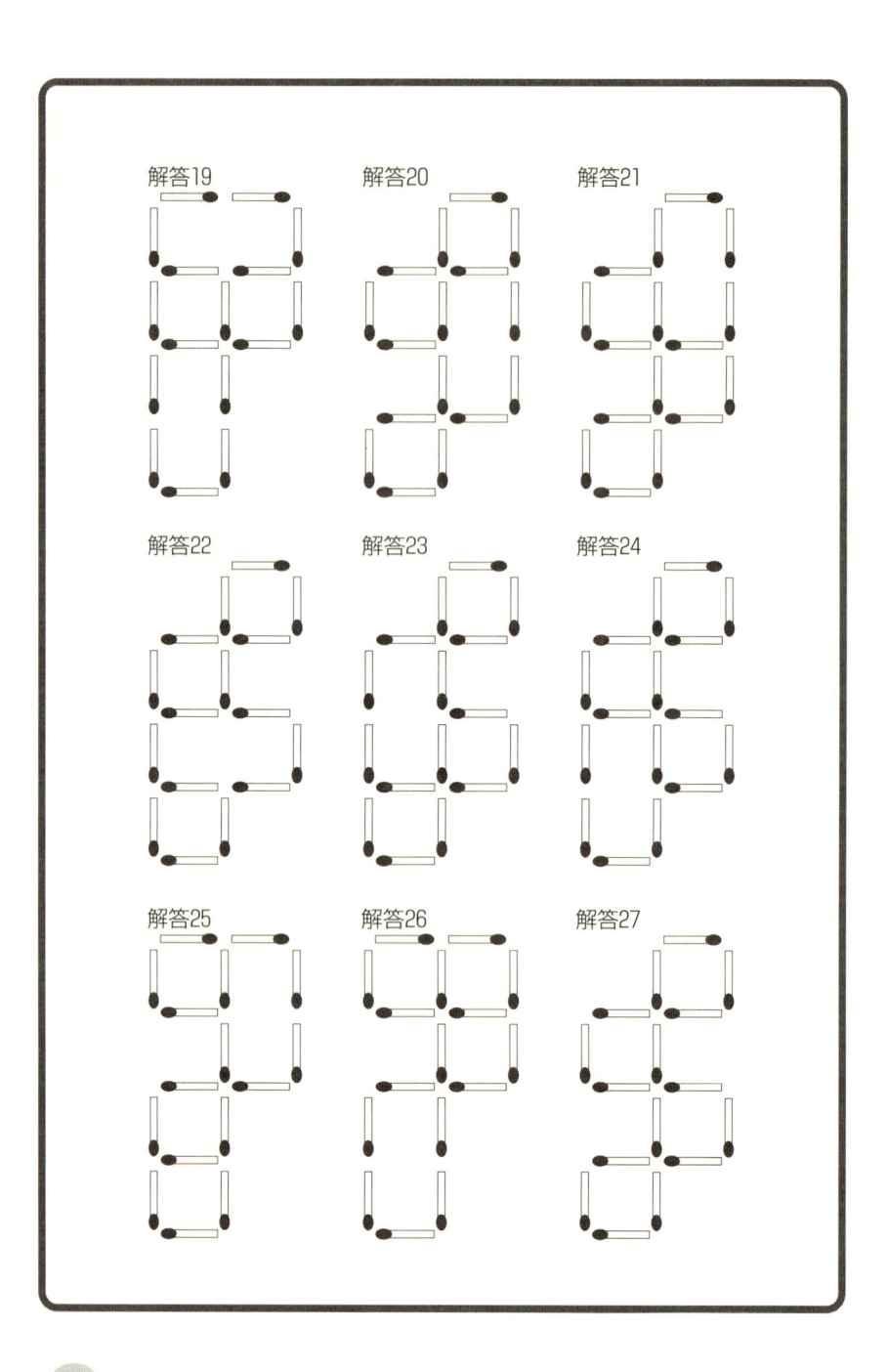

解答22　解答23　解答24

解答25　解答26　解答27

Ⅲ-1　虫食い算でオープンエンド

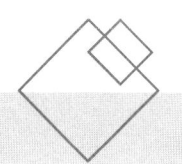

III-2 子どもの柔軟な発想を引き出す
■やぶれたところは？
（中学年＊平均）

✳✳ 漢字テストの記録

黒板に，あらかじめ作っておいた「漢字テスト」の点数記録表を貼る。

1回	2回	3回	4回	5回	合計
75	86			88	416

表の一部をわざと破っておく。
「先生，それは破れたところがありますよ」
早速，反応がある。
「そうだね。この表には破れたところがあるけれど，先生がこんなものを持ってきて，どんな問題を出すと思うかな？」
こんなふうに聞くと，すぐさま，答えが返ってくる。
「その破れたところを当てるんだ。きっと」
そのとおりである。
「そうです。よくわかったね。さて，今日は，この**表の破れてなくなった記録を復元**してもらいたい」
こう言うと，「無理だよ」「適当な数を入れればいいの？」などと返事がある。あるいは「このままじゃ，いろいろな答えが出てしまいますよ」などと言う子もいる。

そのことを少しくわしく考えてみることにする。

✳︎ 答えが決まらない

「このままだと，合計から，1回目と2回目と5回目の点数をたしたものをひいて，その点数を2つに分ければいいんだと思います」

このことをもっとみんなに広める必要がある。

「だれか，このことをもっとくわしく**説明**できるかな？」

「合計の416点から，1回目の75点と，2回目の86点と，5回目の88点の合わせたものをひくのだから，416−(75+86+88)＝167になります。これが，3回目と4回目の合わせた点数になるのだと思います」

「それを2つに分ければいいと言っているんだけど，それはどういうことかな？」

また，別の子が説明してくれる。

「それは，例えば，3回目が1点だったら，4回目が166点ということです。3回目が2点だったら，4回目が165点ということで，たくさん考えられるってことです」

「えーっ，それはおかしいよ」

反論が返ってくる。

「だって，テストって，100点満点でしょ。だから，166点や，165点はおかしいよ」

「でも，1点や2点だったらあるかもしれないよ」

「この場合は，2回の点数を考えればいいんだから，片方が100点の時から順に考えて，別のほうも100点になるまでを範囲にすればいいんだと思います」

なかなかいいことを言う。

「**範囲**」を意識できるのは，数学的な考え方の一つの現れである。

少し具体的に数値を板書してみる。

このままでは，答えが34種類もできてしまうことがわかる。

3回目	4回目	2回の合計
100	67	167
99	68	167
98	69	167
97	70	167
⋮	⋮	⋮
68	99	167
67	100	167

✹✱ 条件を設定する

　そこで，今度は答えを1通りに決めようとする案が出る。
「このままでは，答えがいっぱいで決まらないから，どれかに決めたほうがいいと思います」
「そうか。それなら，この問題にどんな『条件』をつけ加えればいいかな？」
　子ども自身に『条件』を考えさせてみることにした。
　すると，また面白い話し合いができる。
「どちらか，片方がわかれば，答えが一つに決まります」
「それだったら，はじめから，どっちかが決まっているので，面白くない問題になっちゃいます」
「はじめから，1つだけがわからない問題と同じだよ」
「ああ，そうか」
　まず，こんな意見が登場である。
「だったら，2回の点数の『差』を教えてくれれば，いろいろ考える問題になるんじゃないの」
　これはまた，なかなかいい問題だ。
　質問も出る。

「『差』がわかったって，2つの点数は求められないと思います」

先の見通しが立たないことを素直に言っている。

「みなさんは，どう思いますか？」

こう聞くと，またいろいろ説明してくれる子が登場する。

「『差』がわかっていると，求められると思います。だって，差だけ取っておいて，あとの点数を2回に分ければいいんです」

これは，また難しい説明だ。わかっている子にとっては，見通しがつくのだが，わからない子にとっては，チンプンカンプンに聞こえる。

「うーん，みんな不思議な顔をしているよ。もっとみんなのことを考えて，ヒントになるように図などを描いて，くわしく説明してくれないかな？」

すると，別の子が，黒板に図を描いて説明をしてくれた。

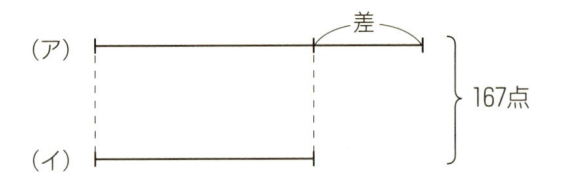

とってもいい図だ。

まだ，数値が決まってないので，これも，もっと具体的にやってみる必要がある。

そこで，具体的な数値を決めて，この問題に取りかかってもらうことにする。

❋❋ 具体的に考える

「では，先生が，『差』を決めて言うことにします」

こう言った途端，また質問である。

「どっちが大きかったかも言ってください」

「どうして？」

「だって，2回の点が違っていて，片方が大きくて，別のほうが小さいことはわかっても，どちらにそれを決めていいかわかりません」

「なるほど，そうだね。では，3回目を『ア』，4回目を『イ』として，『ア＞イ』ということにしよう」

あえて，不等号を使って，2つの数値の関係を示すことにした。

「それでは，2回の点数の『差』を言いましょう。『13点』です」

一斉に，ノートに鉛筆が走り出す。

しかし，戸惑っている子も何人かいた。

そこで，「だれか，この黒板の図に，わかってきた数値を書き込んでくれるかな？」

こう言うと，1人の女の子が手を挙げたので，それを頼むことにした。

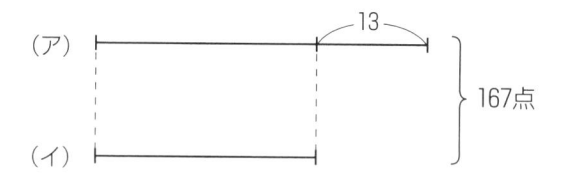

```
(ア) ├─────────────┤ 13
                        }167点
(イ) ├─────────┤
```

これを見たら，躊躇していた子も，みんなノートに計算し始める。

しばらく待って，みんながなんとか計算し終わったところで，黒板にその計算式を書いてもらうことにする。

代表の子は，次のように式を書いた。

(167－13)÷2＝77 ……………… (イ)

77＋13＝90 ……………………… (ア)

この式を見た別の子が，「他の式もあります」と言う。

早速紹介してもらう。

やぶれたところは？（中学年＊平均）

> (167+13)÷2＝90 ……………………（ア）
> 90−13＝77 ……………………………（イ）

　これは，だれか他の子にも説明をしてもらいたい。
　こんな式を書いた子は少なかった。先ほどの図を利用したのと違った考え方だったからだ。
　しかし，式に（ア）や（イ）という記号を添えてくれたので，みんなにも考えのヒントが示されて，式を読み取れる子もいた。
　「それは，（ア）のほうから先に求めた考え方です。図を描くとこうなります」
　すぐに前に出てきて図を描く。

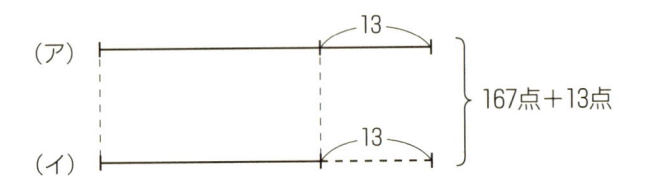

（図：（ア）と（イ）の線分図，それぞれ右端に13の差，全体で167点＋13点）

　「こうやって，描いたときの，この部分（差の部分）があるものと考えて，2つの和を求めて，後で（イ）のほうからひいたのだと思います」
　さっきは（イ）のほうの数値が先に求められたのだが，この方法だと（ア）のほうが先に求められることになる。

✻ 他の条件も

　「この表の合計を書かないで，『平均点』を書いたら，もっと難しい問題になると思います」
　こんな案が出た。
　「みなさん，どう思いますか？」

「同じことだよ」「両方出したって意味ないよ」「どちらかだったらいいんじゃない」などという意見が出る。

「『平均』が出ていたら,どうするの?」

「それを5倍すれば,合計になるから,『合計』を出すために,計算が1つ増えてしまいます」

みんな,なかなかよく考えている。

> こんなふうに「条件不足」の問題や「条件過剰」の問題を考えることで,その問題の仕組みを深く考察することができる。また,それによって一意に決まる問題がオープンエンドの問題になることがある。子どもの柔軟な発想を引き出すことも可能になる。

IV

構成活動的な問題

IV-1 平面図形の基本と応用

■タングラムで作る四角形

(中学年＊四角形)

✳✳ 図形の学習の基本とは

図形の学習では，その**概念を明確にする**ことが基本となる。

「概念を明確にする」というのは，「**比較→抽象→概括**」という過程を踏むことである。ひらたい言葉で言うならば，「くらべる」「ぬきだす」「ことばでまとめる」ということになる。

【図形の学習の基本】

① くらべる（比較）

まずは，下の図のような四角形とそうではない似て非なる図形との比較の場面を設定する。そして，「しかく」と言ってよさそうなものと，そうでないものとを比べていく。

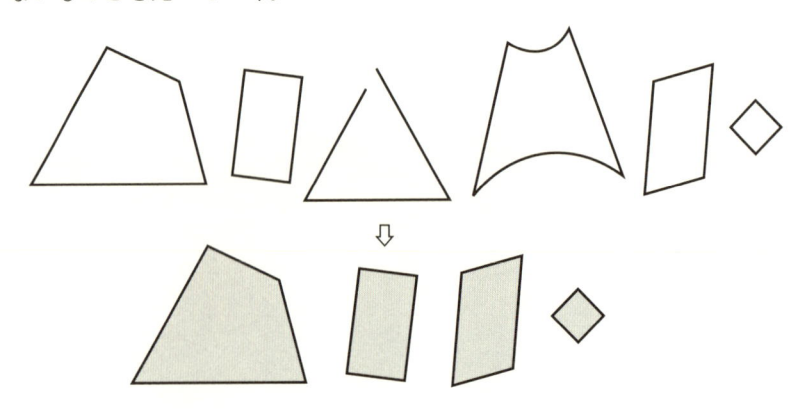

② ぬきだす（抽象）

「しかく」といえるものだけを残すと，今度は，そのなかで共通なものは何かという検討に入る。

そこでは，大きさや向き，あるいは色などは関係のないことだと知る。様々な属性を検討していくことになる。そして，要するに「**4本**」の「**直線**」で「**囲まれている**」ということが共通であることが確認される。

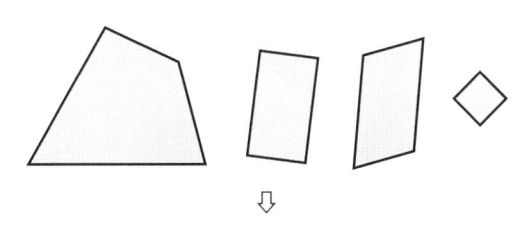

⇩

・線はすべて直線である。
・直線の本数は4本。
・図形は直線で囲まれてできている。

③ ことばでまとめる（概括）

最後に，四角形は何かと問われたときに，全てを列挙できないので，最後にはそれを言葉でいう他はない。そこでこの場合は「4本の直線で囲まれた形を四角形という」となる。

この過程を踏むことが図形の学習では基本である。

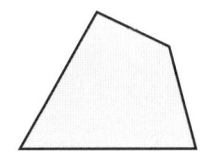

❋ タングラムで四角形づくり

　子どもたちは，四角形について，そうでない形との比較において，「4本の直線で囲まれた形を四角形という」ということを確認した。

　しかし，このような一応の約束ができたとして，それだけで四角形について全てがわかったということにはならない。様々な応用の場面を体験させながら，その概念を確実なものにしていきたい。

　この授業では，タングラムという教具を用いた四角形づくりを行った。答えが多様で，しかもそれを場合分けしながら学習していくことになる。

　「タングラム」とは，正方形を7枚の単片に切り分けたパズルの一種で，知恵の板の王様として有名である。

　すでに見本としてつくられている様々な形のシルエットと同じ形になるように，タングラムの単片を並べて構成するのが最もオーソドックスな遊び方である。それが古くから伝えられ，今日にいたっている。

　子どもの遊び心に培うとてもよい知育玩具である。

タングラム

　最近は，教科書にも一般に登場するようになった。タングラムを使った授業については，シリーズ②の『算数楽しく　ハンズオン・マス』にもくわしく紹介しているので参照されたい。

　参考までに，次ページにタングラムのひな形を掲載する。既製の教具もよいが，子どもたちが手を動かして教具を作ると，教具に愛着をもつので授業への積極性も増してよい。

コピーしてすぐに使える教具のひな形

▼タングラム

★作り方
① クラスの人数分コピーをして配布します。
② 実線と破線をはさみで切ります。
③ ピースの表と裏に同じ色をぬります。
　これで出来上がりです。

❋ 授業の実際

「『タングラム』を使って四角形を作りましょう」

これが本時の課題である。

子どもは早速「この中に，もう四角形があります」と言う。「ましかく（正方形）」である。

当たり前のことではあるが，それをうまく利用する。

「ああ，そうですね。たった1枚でも，もう四角形ができています」

「これもそうだよ」

たった1枚だけでも，四角形といえるものがもう一つ見つかる。これで2つになった。正方形と平行四辺形である。それらの名前を知らなくても「4本の直線で囲まれている」という約束に合っているということで納得されるのである。

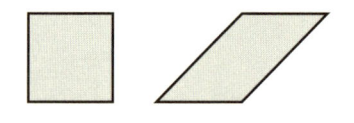

こう言っただけで，勘の鋭い子は「だったら，2枚で……」と言う。

この言葉を逃さずに，それを使うことにする。

「そうですね。では，2枚で『四角形』が作れるかな？」

これが簡単なようで，実は大変なことになる。

❋ 2枚で作る四角形

早速，作業である。各自タングラムの単片を2枚使いながら，机の上に四角形を構成している。

子どもたちの様子を見ながら適宜ヒントをだす。時間を見て，発表に入る。

黒板に，市販の大きなマグネット付きのタングラムがあるので，これで

構成させる。

　まず登場するのが，全体が正方形になるものである。大小2種類。

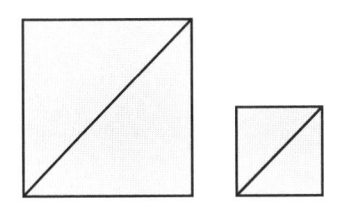

　次に，平行四辺形になるものが2種類。これも大小ある。

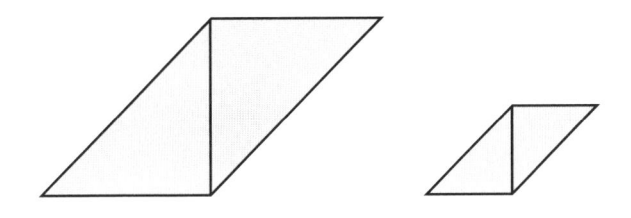

　さらに台形になる物が登場する。これには，単片のいろいろな組み合わせがあり，しかも，大きさと形が同じで，単片の組み合わせが異なる物が登場するのである。これが6種類。

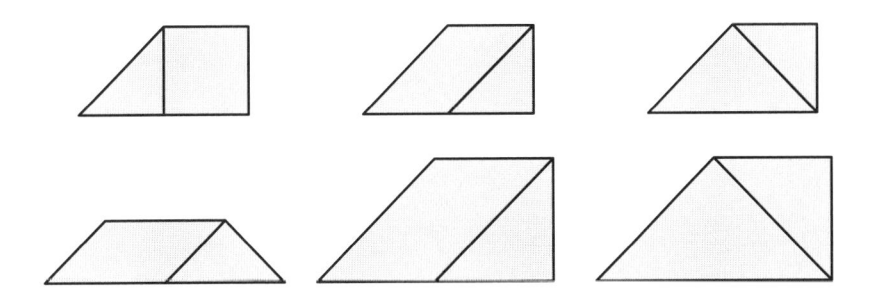

そして，秀逸は，次のような形である。

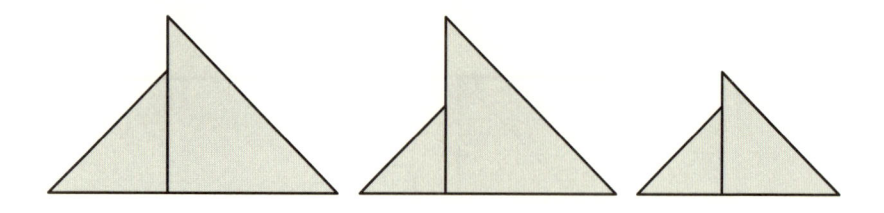

これは，物議を呼んだ。
「そんなの，三角みたいだ」
「へっこんだところがあって，へんだよ」
「だって，周りは，4本の直線で囲まれているじゃないか」
こんなやりとりである。

実際，凹型の四角形なのである。「4本の直線で囲まれた形」にちがいないのであるから，これも四角形と呼ぼうということになる。

このような形に気付くのは，タングラムを操作していてこそであるといえる。

これだけで，13種類もの四角形が生まれた。

こうなると，「3枚で四角形を作ったらもっといっぱいできるのではないかな」と挑戦が始まる。

❋ 3枚で作る四角形

予想どおり，今度は前よりももっと多くなってくる。

子どもが次々発表したのが21種類ある。

そこでは，同じものがあるのかないのかを区別するのが難しくなる。そこで子どもたちが考えたのが「式」である。

例えば，次ページ以降の図の中に書かれているような式となる。

直角二等辺三角形は「大」「中」「小」で区別し，正方形は「正」，平行四

辺形は名前を知っている子がいて「平」としようとまとまったので，漢字1文字使用の式となる。

「小×2＋中」とか「大＋小＋平」などといった言葉の式である。

発見した21の四角形は次のようなものとなった。

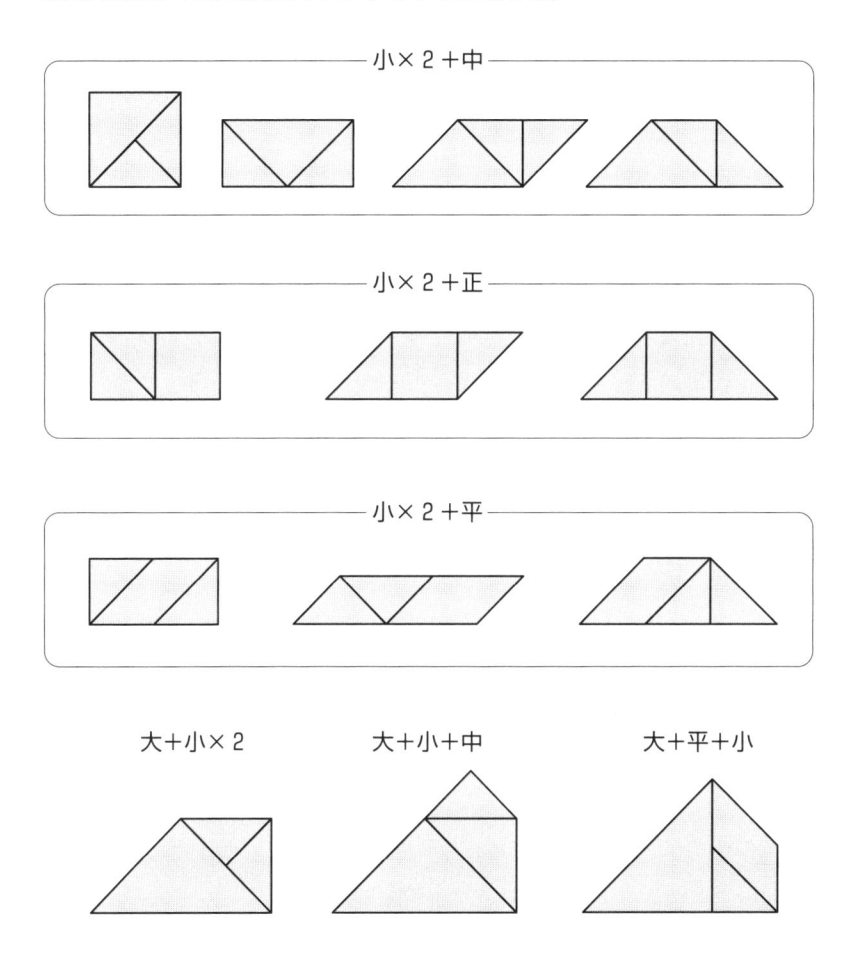

小×2＋中

小×2＋正

小×2＋平

大＋小×2　　　大＋小＋中　　　大＋平＋小

タングラムで作る四角形（中学年＊四角形）　109

大×2＋中

中＋小＋正　　　　平＋小＋正　　　　平＋中＋小

小×2＋大　　　　中＋大×2　　　　小＋大×2

平＋小＋中

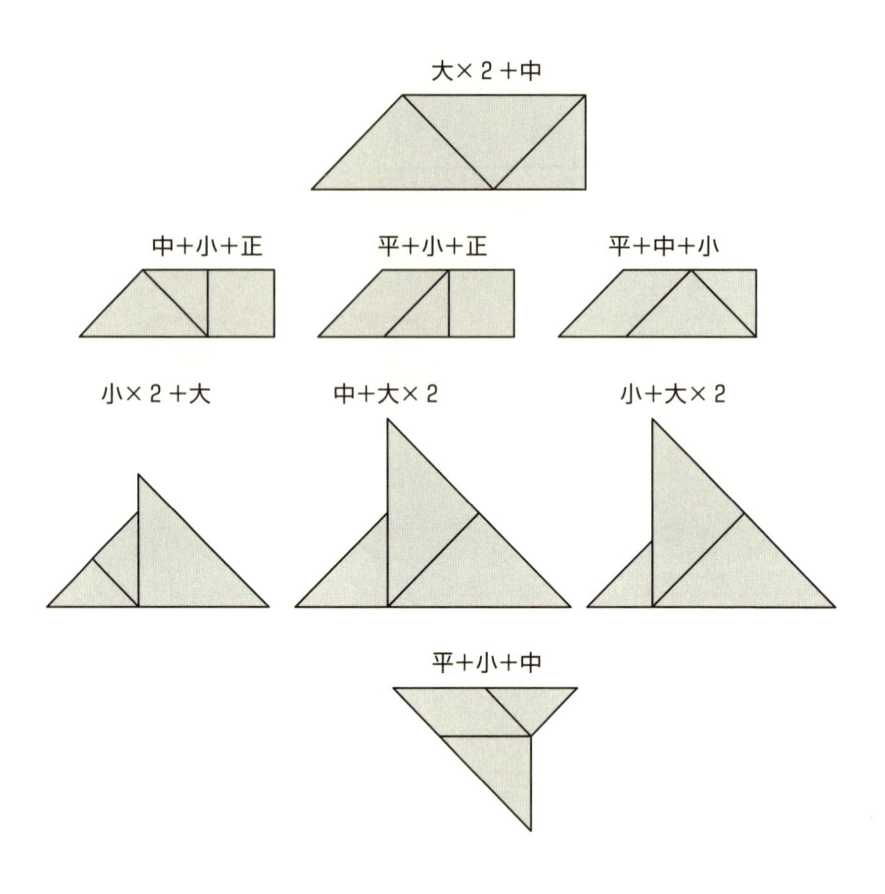

✳︎ 追究

　授業の中では，ここまでの発表で時間切れとなってしまったが，このことの面白さを感じた子どもは追究をやめない。

　次の日に，ひとりでやってみたノートが提出される。

　「まだ他にあるかもしれないけれど……」と言いながら見せてくれたのが次のようなタングラム4枚で作った四角形というものであった。

小×2＋正＋平

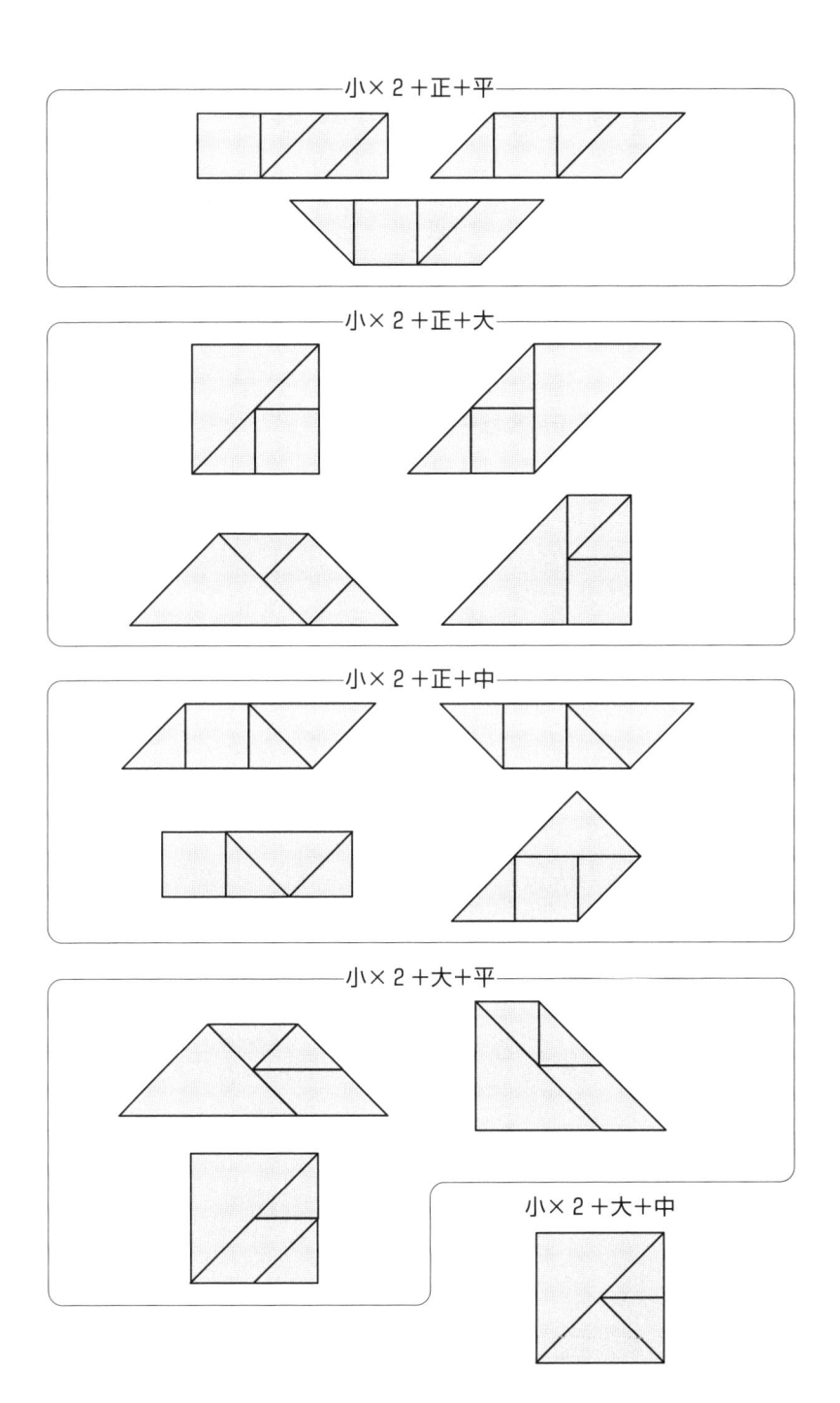

小×2＋正＋大

小×2＋正＋中

小×2＋大＋平

小×2＋大＋中

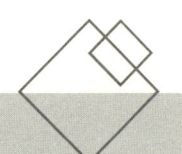

Ⅳ-2 教具を使ったオープンエンド
■コンパスを使って
（中学年＊円の導入）

✼✼ 折り紙を切ってまんまるを作る

「円」の学習である。

「円」については，中心から等距離にある点を結ぶようにしてできる曲線であるという概念を体験的に学ぶ。

最初に，折り紙を持たせて，これを「何の道具も使わずに『まんまる』に切ってごらん」と言う。

「まんまる」については，お盆やお皿，時計の文字盤など，身のまわりにたくさんある具体物ですでにイメージができている。

子どもたちは早速，考えはじめる。

そのまま，なんとかまるく切り取っていく子どももいる。やや考えて，紙を2つに折って切り取ろうとする子もいる。さらに，紙を四つ折りにする子もいる。

子どもたちは，折って曲線を作れば，なんとかうまくいくと考えたようだ。正多角形のイメージなのであろう。

ところが，開いてみると，おかしな形がたくさん登場する。

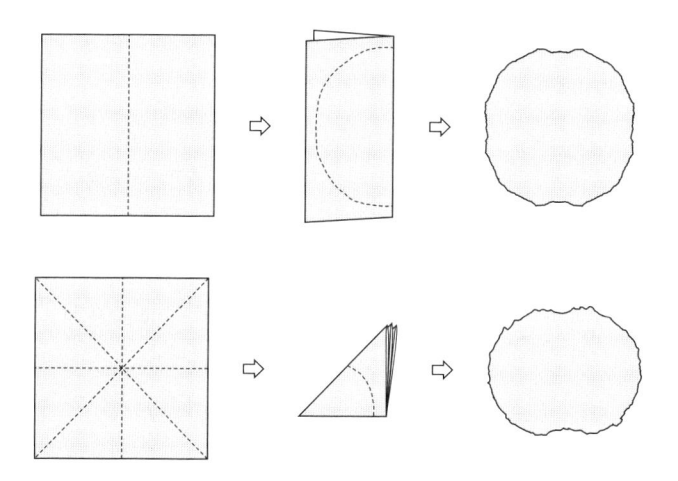

その時はじめて，子どもたちは，自分がうまくいくと考えていたものがそうではないことに気付く。そして，さらに考えを深めようとしていくのである。
　まんまるといえそうもないものは「でこぼこしている」とか，「へっこんだところがあって，まんまるとはいえない」などと言い合う。
　やがて，「中心からの距離が違うからでこぼこしてしまう」ということに気付いてくる。
　そうなれば，なんとかして中心からの距離を同じにしようと，再び何回か細く折って，中心からの長さをしっかり同じように切ってみると，今度はうまく出来上がった。

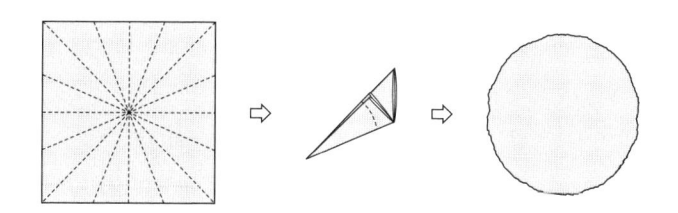

コンパスを使って（中学年＊円の導入）

✲* 手づくりコンパスを使って

中心からの距離を同じにするような線を引きたい。

これには，それなりの道具がいる。子どもたちはすでに「コンパス」という道具があることを知っている。ところが，予告していないので手元にはない。

そこで，そんなことができる道具を手づくりで作らせる。

工作用紙を細長く切って，そこに 1 cmおきに鉛筆の芯が入るくらいの穴をあける。

これを使って，円の中心となるところに画びょうを刺し，片方に鉛筆を刺してぐるっと円を描くのである。半径が固定されているので，きれいな円が描ける。

江戸時代にはコンパスを「ぶんまわし」と呼んだが，そのようなものである。

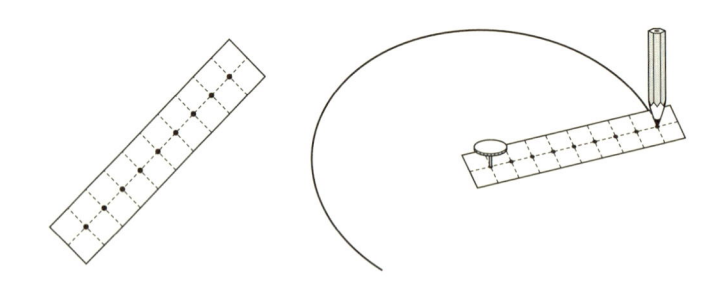

「規矩（きく）」という言葉がある。円と角を描く道具のことで，「規」は「ぶんまわし」，つまりコンパスのことを言い，「矩」は直角を意味するので，曲尺（かねじゃく）のことをいっているのである。

また，別の方法では，糸を輪にして結び，一方の端を画びょうで押さえ，これを中心にして，他方に鉛筆を入れて，ぐるりと回せば円が描ける。

こちらは，画びょうを 2 個にして，中心を 2 つにすれば楕円（だえん）が描けるこ

とに発展できる。

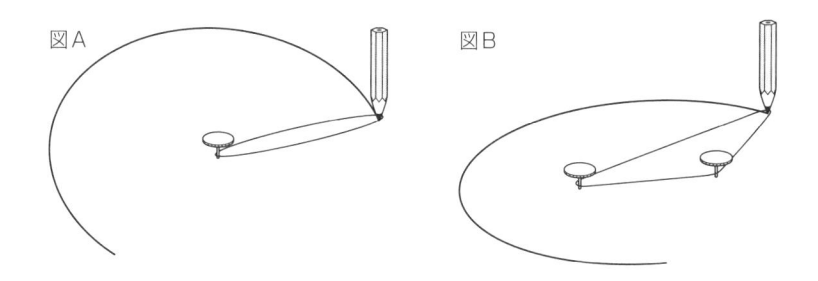

図A   図B

さて，子どもたちは，この手づくりコンパスで円を描く。だれでも上手に描ける。

面白くなるので，たくさんやってみたい。そこで，中心を固定して，半径の長さを変えて描かせる。自然にできてくるのが「同心円」である。これを「同じ中心の円」という文字を書きながら教えると，この言葉をいっぺんに覚えてしまう。

右の図は，家に帰ってまでもやってみたという子どもの作品である。

子どもの作品

✱✱ コンパスを使って

ここまでくると，今度は市販のコンパスを使って円を描くことになる。まずは自由にやってみる。

徐々に，条件をつけて描かせる。

さらにパズル的な問題を解くようにやってみる。次ページのワークシートは，指定の大きさの円が描ければ答えが見つかるというパズル風のドリルになっているものである。

コンパスを使って（中学年＊円の導入）　115

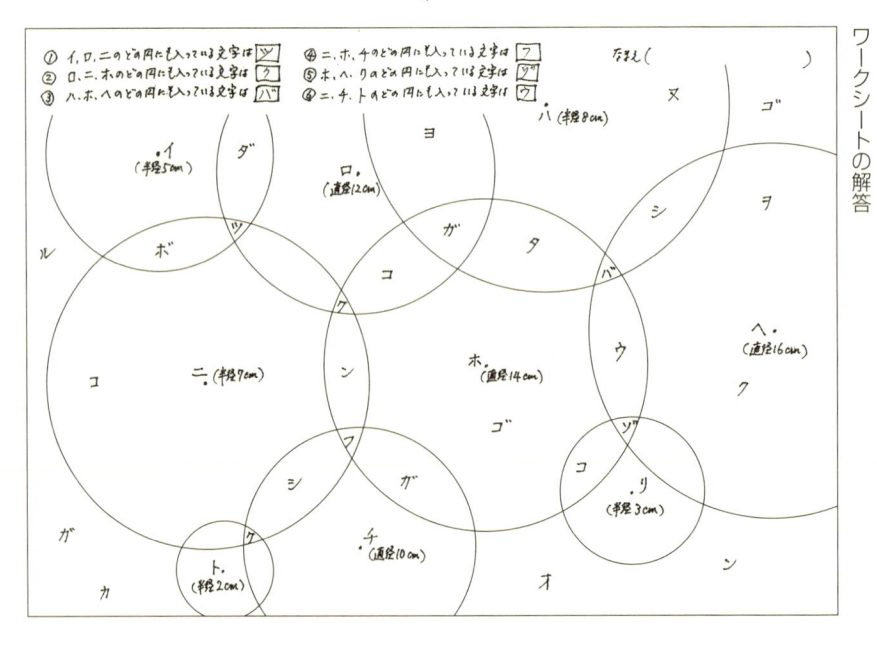

ワークシート

① イ、ロ、ニのどの円にも入っている文字は □
② ロ、ニ、ホのどの円にも入っている文字は □
③ ハ、ホ、ヘのどの円にも入っている文字は □
④ ニ、ホ、チのどの円にも入っている文字は □
⑤ ホ、ヘ、リのどの円にも入っている文字は □
⑥ ニ、チ、トのどの円にも入っても入ない文字は □

なまえ（　　　　　　　　　　）

ワークシートの解答

① イ、ロ、ニのどの円にも入っている文字は ツ
② ロ、ニ、ホのどの円にも入っている文字は ク
③ ハ、ホ、ヘのどの円にも入っている文字は ハ
④ ニ、ホ、チのどの円にも入っている文字は フ
⑤ ホ、ヘ、リのどの円にも入っている文字は ゾ
⑥ ニ、チ、トのどの円にも入っても入ない文字は ウ

なまえ（　　　　　　　　　　）

Ⅳ-2　教具を使ったオープンエンド

知らず知らずのうちにコンパスを何度も使いながら、この道具の扱いが上手になってくる。

　こんな問題もやってみた。

　「次の正方形や三角形にぴったり入る円を描いてみましょう。また、外側にぴったりくっつく円も描いてみましょう。直線は両端の点がぴったりくっつく円を描きます」

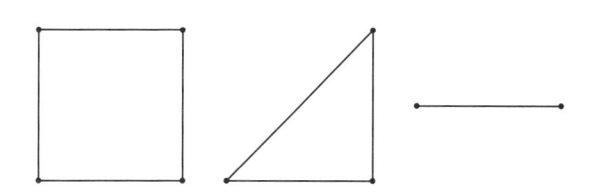

　この問題はたかだか3つであるが、なかなか面白い授業展開となる。

　まずは、正方形に内接する円と、外接する円を描くのである。コンパスの針を置く中心を見つけなければならない。いい加減では、辺や頂点と接する円が描けない。

　子どもは、正方形の対角線を引きはじめる。するとその交点が中心だとわかる。「対角線」の用語もこんな時に教えてもよいと思う。ある子どもは、「頂点を結ぶ線だから『ちょう結び』」がよいと言った。愉快である。

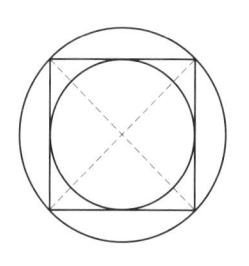

✺✱ ハンズオン・マス

　次の問題は、三角形。これは直角二等辺三角形だ。

　この外接円は、なんとか見つける。

　ただ、その中心が内部になく、辺上にあるということに気付くところがなかなか難しい。

　この場合は斜辺の中点に位置する。

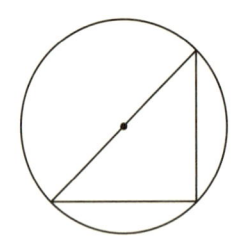

そして，内接円は，なかなか描けないで苦労する。

「だいたいかければいいのではないか」と言う子もいる。

「この形を2つに折った，真ん中の横の線上のどこかが中心だ」と言う子もいる。

このことがきっかけになって，A君が面白いことに気付いた。

「折り紙でこれを実際にやりました。半分に折るのを，3つの頂点のところでやってみたら，ちょうど真ん中のところで折り線が交わりました。そこを中心にしてかいてみたら，ぴったりかけました」と言うのである。円の「内心」を見つけたのである。

早速みんなで，折り紙を使って確かめてみると，その通りにできてびっくりであった。

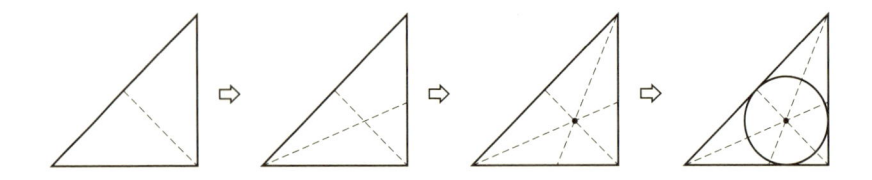

✳︎ 答えが無限

　3つ目の問題は，子どもたちがみんな「簡単だよ」と言う。

　ノートを見ると全員ができている。

　しかし，それは，この直線の中点を中心にした円である。聞くと，「この直線の長さを測って2でわって中心を決めました」と言う。

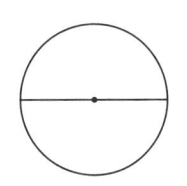

　そこで，私は「それは正しい。だが，それだけかい？」と問い直した。

　全員が「えっ？」という顔をする。

　「まだ，他にもかけるの？」と即座に質問である。

　うなずくと，みんな必死に考えはじめる。

　なかなか思いつかない子どもには，ノートに一つの円を描かせ，つまようじを一本わたす。ヒントとしてだ。

　「そのつまようじの端が，君のかいた円の円周にくっつくようにおいてごらん」と言う。それだけである。

　そんな操作をしながら，はっと閃(ひらめ)く子がいる。「わかった」と発する。

　早速，さっきの直線にこのことが実現するように円を描こうとする。だが，なかなか中心が見つからない。

　試行錯誤しながら，徐々にではあるが，どうやら垂直二等分線上にある

コンパスを使って（中学年＊円の導入）　119

のではないかと気付きだす。

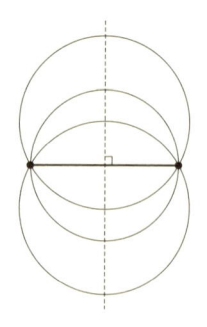

　そうなると，一気に子どもの手が動き出す。
　ついには，たくさんの円が描かれる。
　子どもたちにこんなことを言う。
「さっきは，この問題の答えがたった一つでしかありませんでした。でも，みなさんは，今，この問題の答えは無限だとわかりました。
　みなさんは，さきほど無限にある答えの中の一つだけで満足していたのですね」
　みんな驚きの表情である。オープンエンド・アプローチの面白さである。次の日には，色を塗った美しい作品がたくさんお目見えした。

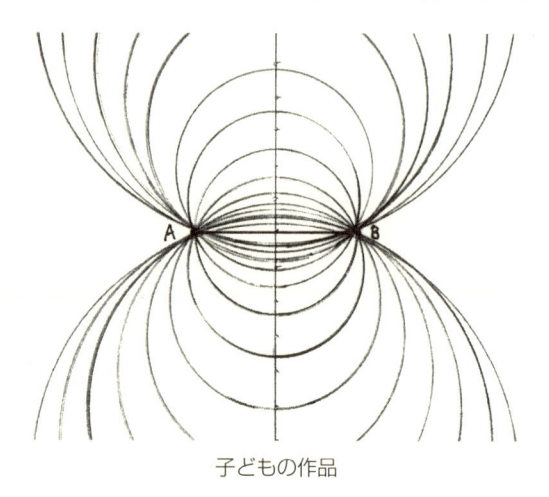

子どもの作品

✱✱ コンパスは円を描くだけの道具ではない

　円にかかわって，コンパスを何度も使っているが，コンパスはデバイダーとしての役目も果たす。

　折れ線や，曲線を細かく区切って直線に置き換えて測るということも可能である。

　下の図を使って，「(ア) と (イ) では，どちらが長いかな？」という問題を出してみる。こんな問題に挑戦し，どちらもほぼ同じ長さだったら，子どもたちは驚きの体験をすることになる。

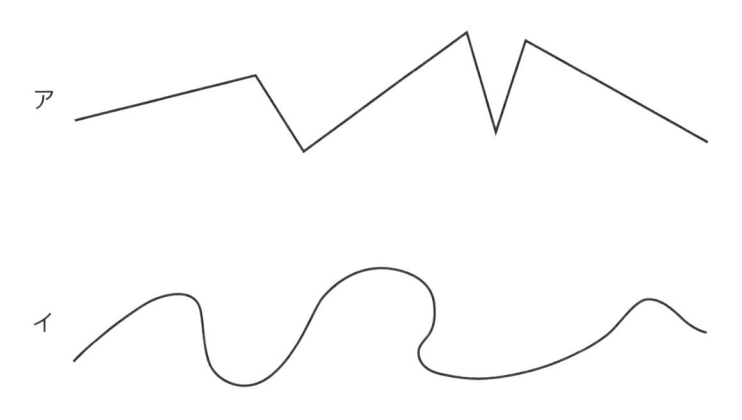

✱✱ 楕円を作る

　画用紙に半径10cmの円を描いて切り取らせる。

　中心とは離れた点を一つ打たせる。

　「円周が，この点に接するように折り返してごらん」「どこでもいいのですが，何度もやって，折り目の線を鉛筆でかいていってごらんなさい」

　こう言って，2，3本やってみせる。

　やり方はすぐに飲み込める。

　一斉にやりはじめる。

　やがて，「あれっ，全然線が引けないところがある」「蚕の繭みたいだ」

と，こんな言葉が飛び交う。

　しばらくすると，みんなの円の中に扁平な円が登場する。

　この名が「楕円」だということは教える。

「もっと，この点が離れていたらどうなるのかな？」

「この楕円の長いところの直径も10cmだ」

　こんな疑問や発見も登場だ。

　この言葉を聞いたみんなの目つきが変わる。

　次の日には，たくさんの楕円が披露された。

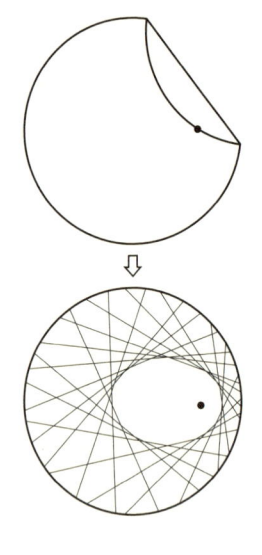

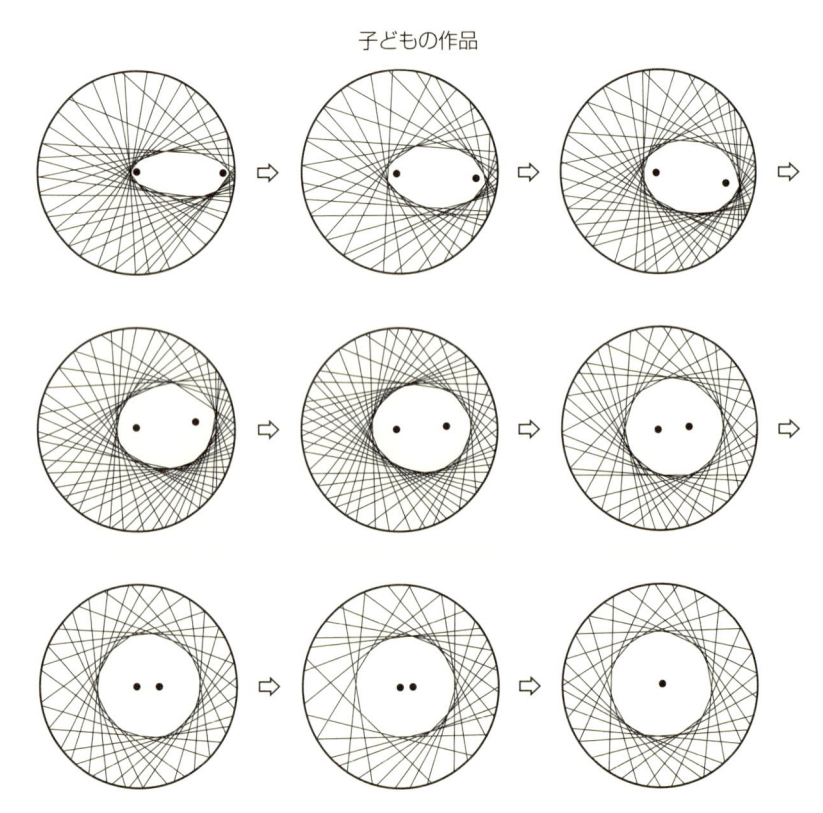

子どもの作品

さんすうコラム ③

この名前は何ですか？

　円の学習では，現在，第4学年では「円」「直径」「半径」「中心」という用語が教えられる。学習指導要領では特段に指定されているわけではないが，教科書ではこの程度の用語の扱いにとどまっている。

　私は，「円」にかかわる作業的・体験的な活動を増やして，円に関する用語をもう少し教えておくとよいのではないかと思う。

　このように提示したら，きっと興味がわくにちがいない。

　次のイ～ワのそれぞれの円にある太線の部分や，黒くぬった部分の名前は何でしょうか（解答は172ページ）。

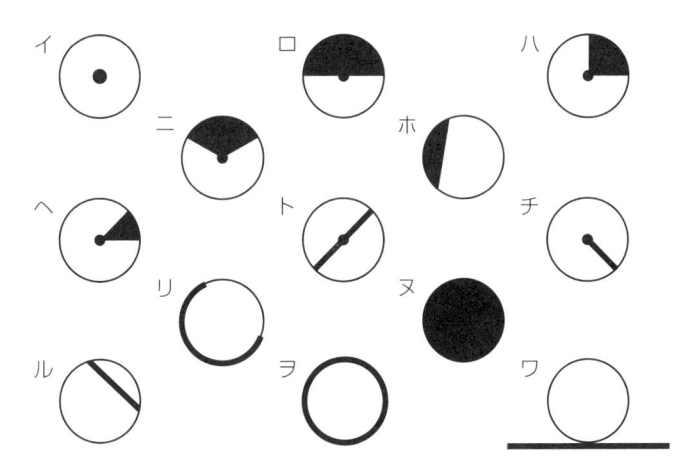

Ⅳ-3 立体図形の感覚を豊かに
■立方体をつなげると
（高学年＊立体の見方）

✳ 4つの立方体で

　工作用紙で作った一辺5 cmの立方体を，子どもたちが各自4個ずつ用意する。この立方体は以前，立方体の学習をした際に作ったものである。

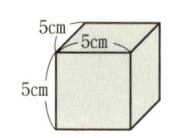

　ここでは，この4つの立方体を用いた授業を展開する。

　黒板に次のように書く。

「立方体が4つあります。

　これを使って，面と面がぴったりつながるようにします。

　どのようなつなげ方ができるでしょう？」

　子どもたちは早速，机の上で4つの箱をつなげはじめる。

　みんな，となりの子がやっているものとは違うものを作ろうと一所懸命である。

　4個の立方体をつなげて，異なるいろいろな形を構成するというのは，個数に限りはあるものの，オープンエンド・アプローチといってよい。

　形を構成する際に，**立体の合同についての吟味**がなされるところが，より数学的な学習となる。

　わずかな時間の後，この立体を紹介してもらうことにした。

✳ 発表

　まずは，平面的なものからの発表である。

誰もが考えられるようなものからの発表となった。

図のような5個が紹介された。

それぞれに，形を具体物に見立てて**名前**が付けられる。

「田」は横から見た形が漢字の「田」にそっくりだということで付けられる。

「棒」は全員の意見が一致しての命名だ。

「へび」もなかなかの名付け方といえる。

「ベッド」もそう言われれば，そのように見えるから不思議なものだ。

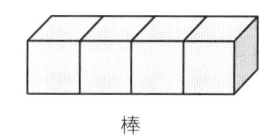

「表彰台」は子どもらしくてよい。

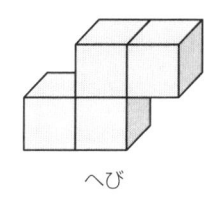

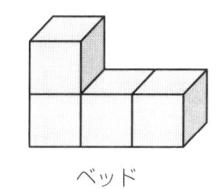

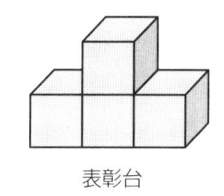

ここからが面白い。

平面的ではないものが登場した。

次の発表を見て，子どもたちが「また，表彰台みたいだ」と言った。

すると別の子が「さっきのものと区別するなら『直角表彰台』がいい」と言った。言い得て妙である。

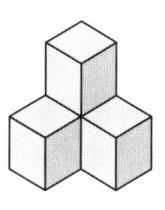

さらに問題となった2つの発表がある。
それは次の2つである。
これが「同じものだ」と言う子と、「違うものだ」と言う子に分かれてしまったのである。

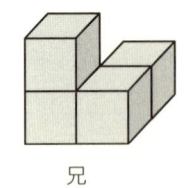

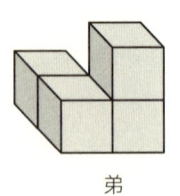

兄　　　　　　　　　弟

見方によっては、非常によく似ている。
「これは、お互いに鏡に映った形です」という説明もある。
「だから、同じものでしょ」と言う子もいれば、「だから、違うものとしなければだめだよ」と言う子もいる。
結局、手で持ってどのように動かしても、空間では、同じ向きにはならないということが納得される。そして、ひとまず違うものとしておこうということになった。
その名前は、これまた言い得て妙な名前で、それぞれ「兄」と「弟」としておこうということになった。子どもの考えはまことに愉快である。
これは、平面でいえば、点対称な形のように「**裏返して合同**」となっていると同様に、面対称な形で、**鏡に映して合同**になっているといえるものである。
ノーベル賞受賞者の野依良治氏の研究に、同じ分子に右手形と左手形があり、それが全く逆の性質をもっているという話があったことが思い起こされる。
詳細は『人生は意図を超えて－ノーベル化学賞への道－』（野依良治著、朝日選書697、2002年）にある。
「有機化合物は、大部分が炭素を中心とする化合物なので、炭素を例に説

明しましょう。炭素原子には4本の手があり，そのそれぞれに異なった原子（原子団）がむすびついたものを，『不斉炭素』といいます。不斉炭素には，『右手形』と『左手形』の2つの型があります。このような左右のちがいを『キラリティー（掌性）』と呼んでいます。多くの分子は，左右のちがいがある2つの形で存在しますが，このような場合，その物質は『キラル』であるといいます。

　右手形と左手形は，お互いに重ね合わせることができませんが，鏡に映すと同じになります。このような2つの分子を『鏡像異性体』あるいは『光学異性体』といいます。互いに鏡像関係にある2つの分子の物理量，つまりエネルギーや長さや重さは，まったく同じです。

　ちなみに，生物の世界ではほとんどのタンパク質が左手形のアミノ酸だけからできています。右手形の物質は，生物の身体のなかには存在しません。酵素のはたらきによって，必要な片方だけがつくられているのです。

　右手形と左手形の構造のちがいは小さなものですが，こうした分子が生物現象や生命現象にかかわるときには，たいへん大きなちがいとしてあらわれます。分子の左右のちがいによって，ちがう味がしたりちがうにおいがしたりするのです。たとえば，ミドリハッカ（スペアミント）からとれる右手形のカルボンは清涼感があり，チューインガムに入っていますが，ウイキョウの実からとれる左手形のカルボンはちがったにおいの食品香料です。

　左右のちがいがにおいや味にあらわれるのなら，まだよいのです。医薬品に使われる物質の性質にあらわれた場合，大きな問題に発展することがあります。実際，1960年代には，『サリドマイド事件』が起こっています。

　サリドマイドの右手形は，すぐれた鎮痛剤・睡眠誘導剤です。しかし左手形には，胎児に奇形の発生をうながす性質（催奇性）があるのです。『事件』というのは，鎮痛剤もしくは睡眠誘導剤のつもりで，市販のサリドマイドを服用した妊婦から，手足に障害のある赤ちゃんが生まれたことをいうのです。このような悲しい事故は，今後絶対に，なにがあっても避けなければなりません。

それなら，はじめから右手形だけを使って薬をつくっておけばよかったではないかと，お考えになる方も多いでしょう。ほんとうにそうです。
　しかし，サリドマイドにかぎらず人工的に合成された医薬のほとんどは，右手形と左手形が50対50で混ざり合った『ラセミ体』だったのです。役に立つ形だけを選択的につくることは，比較的最近までできませんでした」(p.22-27)
　野依氏は，この決して重ね合わせることのできない，鏡に映すと実像と鏡像の関係にある右手形と左手形の分子を選択的に作り分ける研究をされてきたという。
　こんな重要な考え方のもとに，ここで紹介する立体の区別が関係すると思うと，この教材で学習することの重要な価値が浮かび上がってくる。

✻✲ 立方体つなげ

　立方体をつなげていくときの形については，総称を「ポリオミノイズ」と言い，1個のときは「モノミノイズ」，2個のときは「ドミノイズ」，3個のときは「トリミノイズ」，4個のときは「テトロミノイズ」，5個のときは「ペントミノイズ」……，と称する。
　ちなみに，その実際の形は次のようである。
　これは，この活動が面白くてたまらなくなったN君が，時間をかけて次々と実際に作って後日**レポート**してくれたものである。

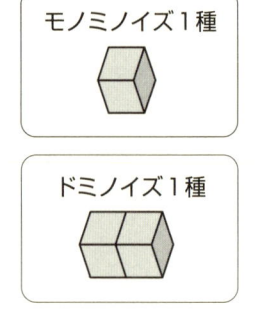

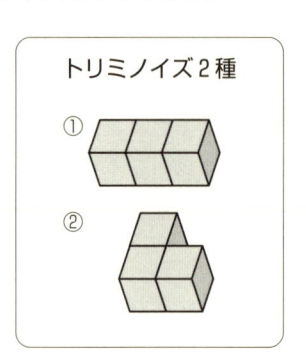

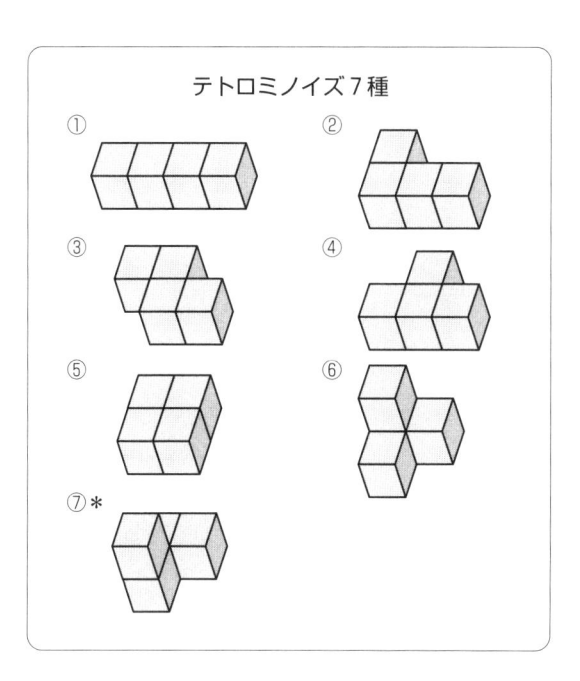

テトロミノイズ7種

① ② ③ ④ ⑤ ⑥ ⑦*

ペントミノイズ23種

① ② ③ ④ ⑤ ⑥ ⑦ ⑧ ⑨

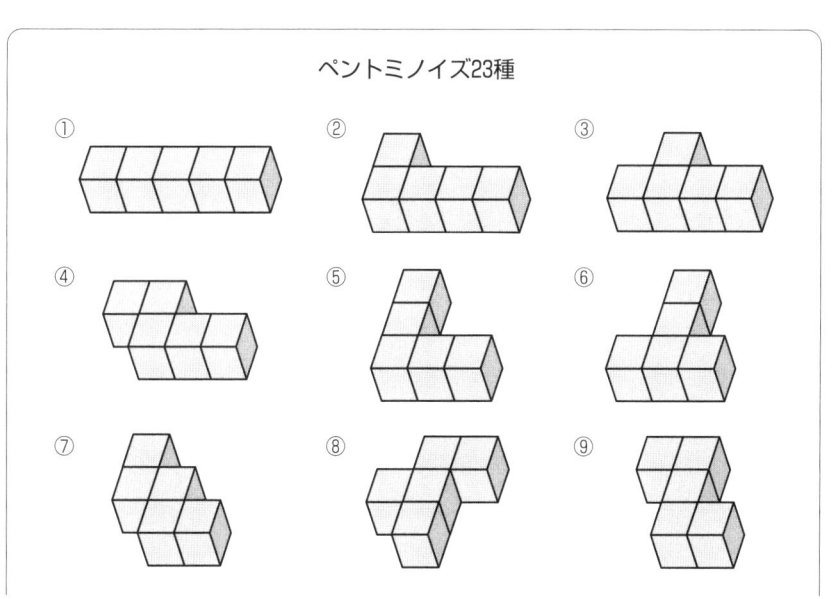

立方体をつなげると（高学年＊立体の見方）

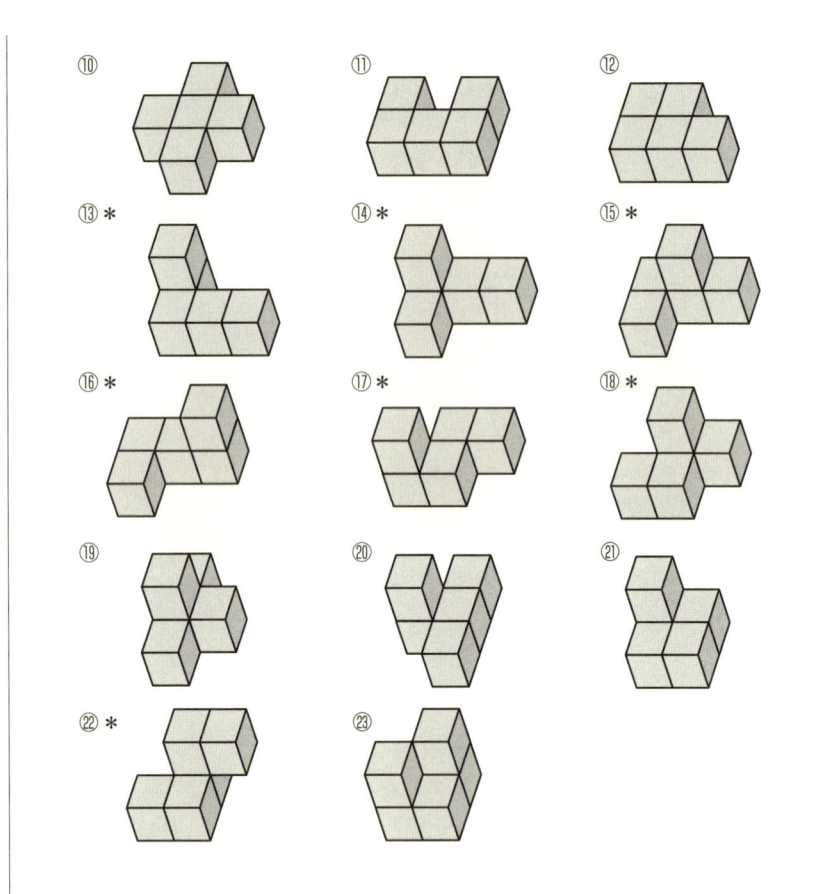

⑩ ⑪ ⑫
⑬* ⑭* ⑮*
⑯* ⑰* ⑱*
⑲ ⑳ ㉑
㉒* ㉓

＊印は，その形に鏡に映った時に合同になるもう一つのものがあると自分で指摘したものである。立体の右手形と左手形である。よく吟味してあるものだと感心する。

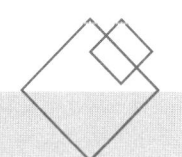

IV-4 オープンエンドの精神を生かして
■立体の展開図（高学年＊立体の見方）

　オープンエンド・アプローチは，一つの問題に対して答えの多様性を求める授業である。

　私は，**日常の授業**の中でも，その精神を忘れることなく**多様な子どもの考えに培うような授業展開**ができることを望んでいる。

　つまり，どんな問題についても，先生が発した問いに対して，多様性を求めたいのである。

　普通の問題であれば，正しい答えは一つに決まっている場合が多い。だがその場合でも，解き方はいろいろある。それを式に表現すれば様々な式が登場するはずである。最近の教科書でもいくつかの式が並べられることが多くなった。多様性を求める授業方法への示唆でもある。

　また，これとは別に，正しい答えが多様にある問題というのが考えられる。これがオープンエンドの問題である。

　オープンエンドの問題は一般には答えが無限にある場合をいうが，そういう問題は少ない。しかし，答えの数に限りがあっても数個の答えが考えられるような問題であれば，大いにオープンエンド・アプローチの精神に則った授業ができる。

　ここで紹介する実践例は，そのような視点から行ったものである。

　「四角錐の展開図」をいろいろ考えていくものである。すでに子どもたちは，**立方体や直方体，あるいは円柱などの展開図**を用いて学習を十分に深めている。本時はその**発展的な学習**にあたる（なお，立方体の展開図について

は，シリーズ②の『算数楽しく　ハンズオン・マス』で，円柱の展開図については，シリーズ①の『算数楽しく　授業術』でそれぞれ授業例を紹介している。参照されたい）。

　四角錐の展開図は8種類と限られているので，人によっては，これをオープンエンドの問題とは言わないという考えもあるかもしれない。

　しかし，算数の授業としてはオープンエンド・アプローチの精神を生かした授業の一つと考えたい。

　そして，この授業で，ただ答えのいろいろを求めることだけがねらわれるのではなく，その一つ一つに数学的な見方・考え方，あるいは表し方を子どもが身につけていくようであれば，これは創造的な授業として価値があるといえるのではないだろうか。

✻ 立体の展開図の発展的な学習

　立体の展開図を考えることになった。

　ピラミッドのような形をモデルに持ってくる。これは正式には「四角錐」という。

　いろいろな立体の特徴を見いだすことについては，一通り考えてきたあとの時間であるので，例えば，「錐（すい）」という言葉についても解説済みである。訓読みでは「きり」であり，大工さんが使う錐の先の形になっている。

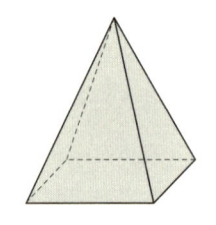

　しかし，この授業に使った模型モデルは大きいので，誰も「錐（きり）」のイメージはない。役所の受付などによくある表示の置物のようなイメージであった。また，実際には見たことがなくてもテレビの映像や書籍の写真などで知っている「ピラミッドだ」と言う子も多い。

✳ 展開図を考える

「この四角錐の展開図を考えてみよう」と投げかけてみた。

「先生の持ってきた模型を見ながら，まず，自分のノートにかいてごらんなさい」と指示する。

早速質問する子もいる。

「一つだけですか？」

すでに，この立体の展開図が一通りではないことに気付いている子だ。

「なぜ，そんなことを聞くのかな？」と聞き返せば，「だって，展開図は一通りじゃないもの」という答えが返ってくる。

そこで，「よく，そのことに気付いたな。みんなも，ノートにいくつかの展開図がかけるといいね」と，このことをアピールする。

こんなことがきっかけになって，多くの子どもは，一所懸命にたくさんの展開図を考えようとする。

「僕は，今，3つ考えたよ」などという声まで飛んでくる。みんな夢中である。

　展開図を考えるという活動は，頭の中で，厚紙で作った模型の辺を切り開いていく作業を考えようとすることだ。具体的な経験がものをいうことになる。実際そのような経験が少ない子どもの場合には，具体的な模型を実際に切り開いていく活動が有効になる。

　しかし，この授業の子どもたちは立方体などの別の立体で十分に経験を重ねてきているので，ここではあえて思考実験の作業にした。

　思考実験とは，頭の中だけの仮定によって操作をして確かめる作業である。

✳︎ いろいろな展開図

しばらく考えたあと，発表をしてもらうことにした。発表は黒板にフリーハンド（手書き）で展開図を描くということにした。

まず，はじめの子どもの発表である。

右図のような形を描いた。

すぐに別の子どもから「しゅりけんみたい」と声が上がる。「僕もかいたよ。それ」と，こんな声も。

「ほほう。いいセンスをしているな。『しゅりけん』と，誰かが言っていたけれど漢字で書ける人はいるかな？」などと余計なことまで聞いてみると，意外にも一人の女の子が登場して「手裏剣」と黒板に書いた。みんなから「おおっ」と感嘆の声である。

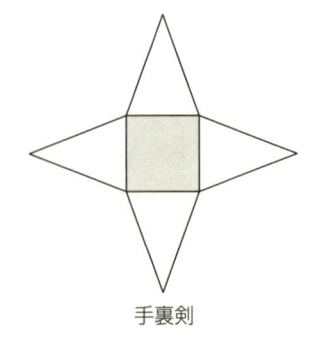

手裏剣

> 一つの図に対してこのように何かの物に見立てることは，頭の中に具体的なイメージをつくることになり，その後の話し合いでコミュニケーションが簡単になる。

さて，この図はほとんどの子が展開図としてイメージできる。しかし，このままで「この図は合っていますね」と言って，すぐに次の図を考えるというのではただの発表になってしまう。

そこで，展開図の発表のたびに**少しずつ**考察の視点を変えていくようにしたい。

この展開図では，「この図の中で，どこが立体の下の面になるのかな？」と問いかけた。

すぐに「その真ん中の正方形のところ」と言う。そこで，上の図のよう

134　Ⅳ-4　オープンエンドの精神を生かして

にこの部分に色をぬり，「ここの面を『底面』と言いますよ」と構成要素の名前を教える。

すぐさま「では，その他のところの二等辺三角形は何と言うんですか？」と質問がある。「それは，『側面』と言います」とこれも教える。

まず一つめの展開図では，**底面や側面の位置と，用語についての確認**ができた。

> 新しい展開図が登場するたびに新鮮な知識が加わっていくならば，子どもたちは最後まで興味が持続するにちがいない。

✳✳ 辺と辺のつながり

次の発表である。

今度は，前とは全く違った発想である。

前にも，展開図に手裏剣というニックネームを付けたので，ここでもすぐさま面白い反応がある。

「ブーメランだ」「『タツノオトシゴ』のほうがいいよ」といった声である。

みんなの意見を取り入れて，ここでは『タツノオトシゴ』に決めた。

タツノオトシゴ

どうやら，この図もたくさんの子がノートに描いていた。

そこで，今度は，「**こんな展開図（タツノオトシゴ）では，どの辺とどの辺がくっつくのかな？**」という問いかけをした。

するとたくさんの子の手が挙がったので，Nさんを指名する。

早速，黒板の図に矢印を描きはじめる。

「こことここがつながります」と言いながら，

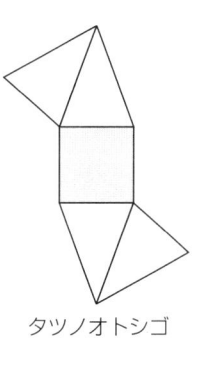

4本の線を引いて，辺のつながりを示した。なかなかわかりやすい表現である。

辺と辺のつながりについては，一つの展開図だけではなく，もっと他の展開図でも確認したいことなので，別の展開図でもできるかどうか聞いてみることにした。

すると，下のような展開図を描いてくれたので，この展開図の辺のつながり方については他の子どもにやらせることにした。ちなみに，この展開図は「サンタブーツ」と命名されたものである。

「この展開図でも，どの辺とどの辺がつながるか線で結んでごらん」と聞いた。

別の子が黒板に出てきて，右のように結んだ。

みんなも首を横に向けながらイメージして「合っている」と同意した。

このことによって，四角錐の展開図では4か所が切れて広がっているということが確認できることになる。大事なことでもあるので，このことはもう少し突っ込んで考えさせたい。そこで，とりあえず，黒板には吹き出しで「4か所つなげれば元の立体」と書き加えた。次の発表を待って，このことを考えようとした。

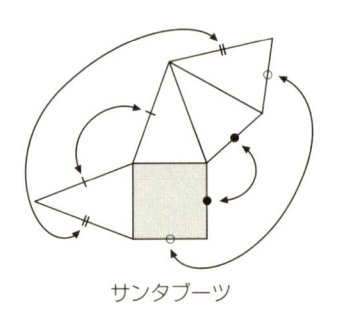

サンタブーツ

❋ 何か所切ったら広がるか？

次の展開図は，全員が『いか（烏賊）』だとネーミングしたものである。

この図についても，みんながいかをイメージできるという。

「さっきはどの辺同士がつながるかを聞いたけれど，今度は反対のことを聞くよ。これは，立体の辺を切って広げた図になっているのだから，**その立体で，一体何本の辺を切り開いたことになるのかな？**」

「4本に決まっています」という答え。

「さっきと同じだ」という声が上がる。

「当たり前だよ」と言う声もある。

その声を聞いてすかさず「なぜ，4本が当たり前なの？」と聞いてみた。自分たちの発した問いだから真剣である。みんなが考えはじめる。

この答えにもいくつかの発想がある。

「展開図の周りに8本の辺があるんだから，その2本ずつがつながっていくので，当たり前です」

「式で表せば，8÷2＝4になります」と言う子もいた。

まずは，こんな答えである。

次の説明もあった。

「12－8＝4です」と今度は式から説明が始まった。

これは面白い。

「だれか，この式を説明できるかな？」と問うと，すぐに手が挙がる。

「12というのは，展開図にある辺の数全部です」

みんなから「そうかー」という声。

「そして，8は元々の四角錐の辺の数。だから，引き算すれば切ったところが1本ずつ増えたというわけです」

こんな説明も素晴らしい。

「もともとの立体は辺が8本で，展開図ではそのうちの4本が残っているので，8－4＝4（本）切ったら開くことになります」という説明もあった。

これはどんな展開図でもいえることである。

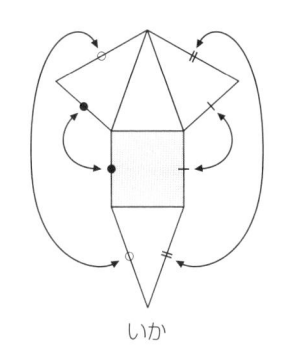

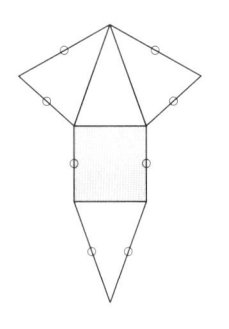

立体の展開図（高学年＊立体の見方）

> 辺と辺のつながり方，あるいは，そのことを理解して，立体を展開するときに切り取る辺の数についての理由などは，論理的に考える力をつけるよい教材となっている（このことについては，シリーズ①やシリーズ②でもくわしくふれている）。
> 　算数科における論理的な思考については、このような立体などの図形の場面で考えさせることも有効である。

✻✻ 展開図の描き方

今度の子どもの発表は，『かたつむり』という展開図である。

これはフリーハンドで描いてもなかなかうまくいかない。

底面の正方形の真上にある二等辺三角形は描けるのだが，右側につながる３つの二等辺三角形の位置がなかなか難しい。

「この展開図をきちんとかくにはどうするかな？」

こんな問いかけにも，よい答えが返ってくる。

「コンパスを使って，左の二等辺三角形の頂点に針を置いて円をかきます。そして，正方形の辺の長さを円周のところにとって，区切っていけば，それが二等辺三角形の底辺になります」

なかなかよい説明である。みんなで，この方法を使ってノートに描いてみることにした。

底面の正方形の大きさ，側面の二等辺三角形の大きさは自分で決めることにした。

かたつむり

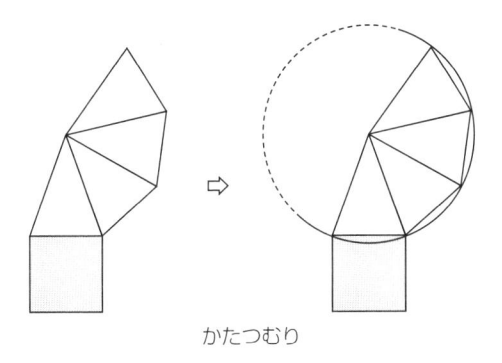

　この方法で描ける別の展開図もあるという発表があった。子どもたちが「きのこ」と称した展開図である。下の展開図がそれである。
　これも，コンパスを使ってさっきと同じ方法で作図ができると言う。

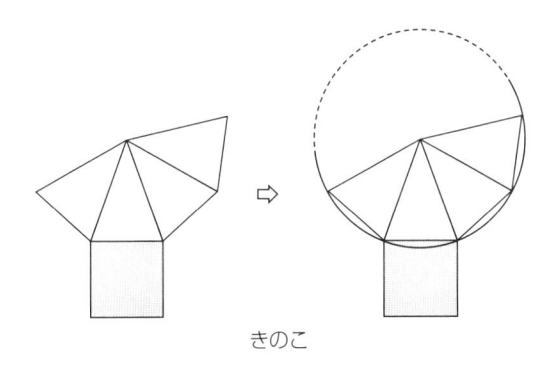

きのこ

　「作図の仕方」という視点からは，この2つの展開図は同じ仲間と見られることがわかった。このような「同じ」と見る見方は素晴らしいことである。一つのものを見るのに様々な角度から考察する見方を身につけることができるのである。

✳ 対称性をもつ展開図

「コウモリ」と全員が命名した展開図がある。
右のような図である。

どうしてこれがコウモリに見えるのかと問うと，底面の部分が胴体で，両側が羽のように見えると言う。

「このように羽ばたくのだ」と両手を広げて，羽ばたく動作をして見せる。

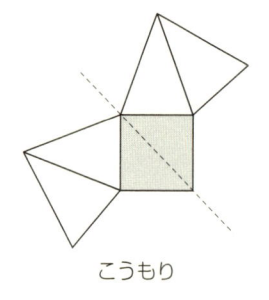

その時に，「それって，右と左が同じになっているんだ」「線対称の形だ」と声が上がる。

よいところに目をつけている。

見る向きを変えてみると，まさしく「折って重なる形」である。

この視点から，もう一度これらの展開図を「対称」という見方で見直す。

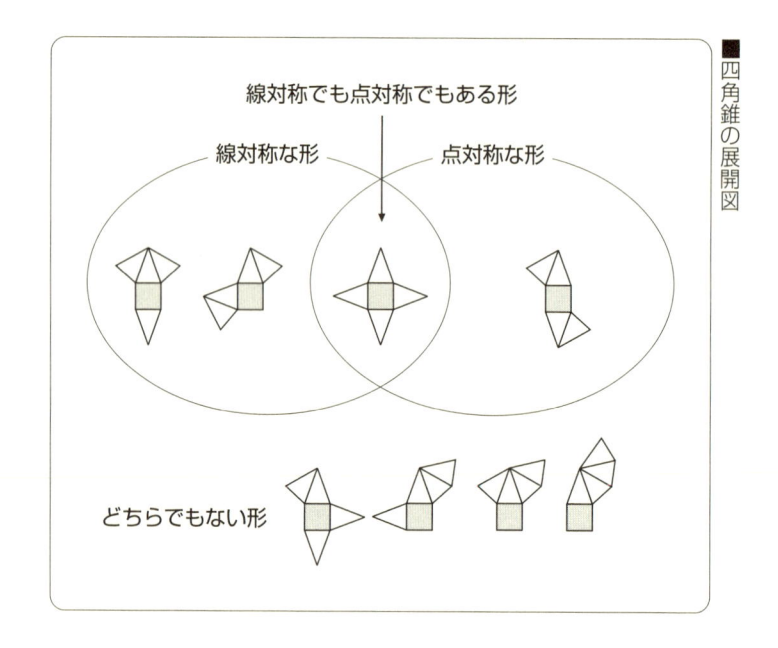

こうもり

■四角錐の展開図

線対称でも点対称でもある形
線対称な形　　点対称な形

どちらでもない形

図を折り返してぴったり重なる形が「線対称な図形」だ。そして，180°回転しても元の形と変わらないのが「点対称な図形」だ。回転対称図形の中で特別な形である。

> 　図形を「対称」という視点で見直す機会は大いに必要なことだ。かつての学習指導要領には，この内容が入っていたが，現行のものにはない。発展的な学習として扱ってよいと考える。

❋ ペントミノと同じ

　最後に登場したのは「バレリーナ」という形である。そう言われればそのように見えるところが愉快である。

　この形については，全く予想外の学習が展開した。

　一人の男の子がノートになにやら別の図を描いていたのだ。それを隣の女の子が見つけて，「先生，O君がノートに面白いことをかいています」と言った。

　それを見に行ったところ，これは面白いと感じ入った。

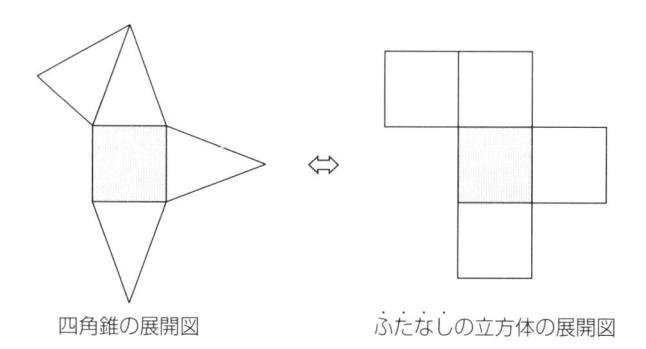

　　　四角錐の展開図　　　⇔　　　ふたなしの立方体の展開図

四角錐の展開図の横に，ふたなしの立方体の展開図を描き添えていたのである。
「これと，同じだと思うんですけど」と言う。
　ノートに描いた一つを黒板に描いてもらった。みんなで検討することにしたのだ。
　これを見た他の子どもたちは，「それは，ペントミノだよ」と言う。
　ペントミノとは，正方形を5個つなげた形である。
　なぜ，ここにこの形が登場するのか。
　これが，みんなの疑問である。
「それは，箱の展開図と見られます」
「そうだ。上の面がない立方体だ」
「前に勉強したペントミノだね。たしか12種類あったよ」
「それに似ているってこと？」
「四角錐の側面の二等辺三角形が正方形になったと思えばいいんだ」
　こんな声が上がった。
　いくつかの展開図を対応して並べてみる。
　なるほど似ている。

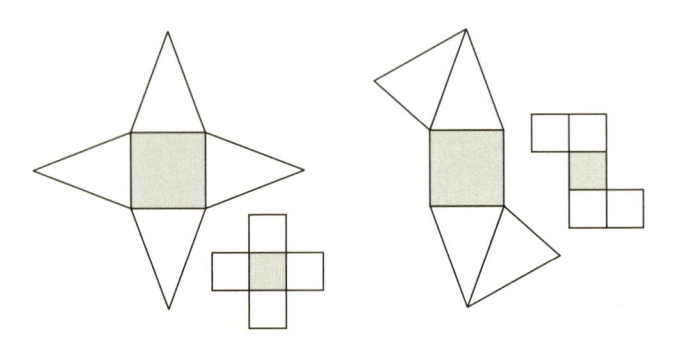

「なぜ，これが似ているのだろう？」
　こんな質問を投げかける。
　二つの答えが出された。

その一つは，「四角錐の上半分を切り取ってしまえば，少し上がすぼまったふたなしの箱に見えます」という答えだ。
　まさしくそのとおりである。
　もう一つの答えは，「ふたなしの箱を，ゴムのようだと思って，ぐっとひきのばせば四角錐に見えます」
　これも非常に優れた考えだ。位相的な考え方である。
　みんなも納得である。
　ここに登場した四角錐の展開図に対応して，ふたなしの箱の展開図を全て挙げてみた。

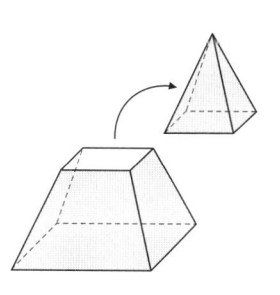

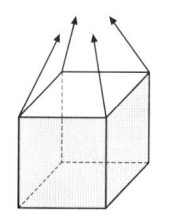

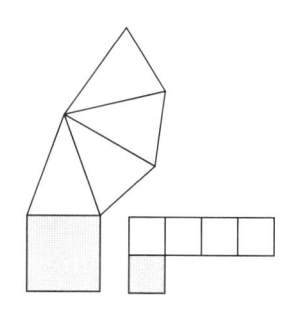

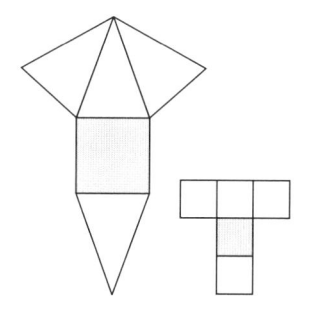

立体の展開図（高学年＊立体の見方）

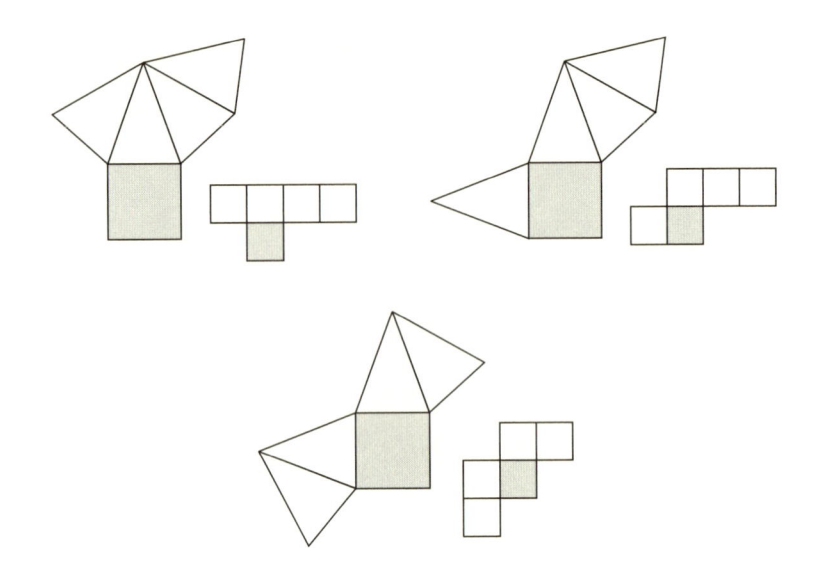

全く別のものが同じに見えるという視点は，数学的な見方として大変に優れていると思われる。
　授業の展開で，予想外のものであっても，子どもの優れた考えを他の子どもたちに広げたいと考えたときには大いに取り上げていくべきであろう。

V

関係や法則を見つける問題

V-1 パターンブロックでオープンエンド
■辺の数はいくつ？
（中学年＊敷き詰め）

❋❋ パターンブロックを使って

　パターンブロックという色板がある（Ⅱ-3参照）。その中の「正六角形」の黄色いブロックが，ここで紹介する授業の教具となる。どのような図形を扱うかは，子どもの実態に応じて担任の教師が判断するとよい。本時では，六角形でチャレンジしてみた。

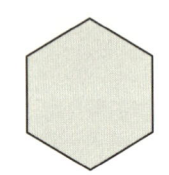

　まず，黒板に黄色のブロックを1つ貼って「この形の辺の数はいくつ？」と問いかける。

　あまりにも簡単な問いなので，全員が「6本です」と答える。

　辺の数の確認ができたので，このような6本の直線で囲まれた図形を六角形と呼ぶこともあわせて教える。

　そこで，次なる問いである。

　ブロックを2つつなげて，「こうなると，辺は何本かな？」と問いかける。

　即座に質問がある。

　「2つつなげたときに，くっついたところの辺は，数えるのですか？」

　さすがの質問である。

　次ページの図のように，外側の辺だ

けを数えるのか（あ），それとも内側のブロックがくっついたところの辺も数えるのか（い），という質問である。

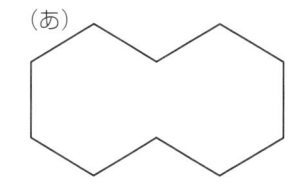

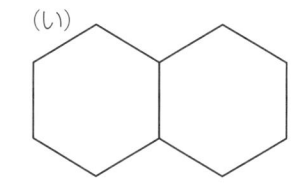

（あ）　　　　　　　　　　　（い）

このことはしっかり区別しておく必要がある。

ここでは，図をノートに描かせていた。ブロックを一つずつ描くので，内側の辺の数も数えるという約束で考えることにした。（い）の図のような場合である。

それならば，と早速「11本です」という答えがある。

「もっとくわしく言います」という言葉も登場。

その子に聞くと，「6＋5＝11」と黒板に式を書く。

別の子がこれを説明する。

「はじめ6本だったところに，次のブロックをくっつけたのだから，それが5本増えたということです」

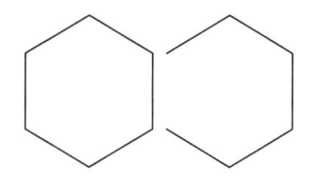

「他の式もあります。6×2－1＝11です」

これも，他の子が説明する。

「それは，六角形が1個では6本で，それが2個つながったのだから，6×2です。けれども，辺が重なっているところがあるから，1をひいたのです」

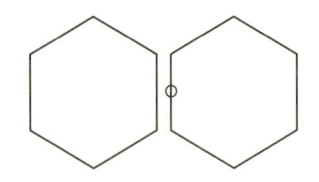

これも，もっとブロックの数が増えたときに使える考え方である。「なかなかいい考えだよ」と褒めておく。

✳ 六角形を敷き詰める

さて，ここからが本題となる。
「では，ブロックをもう1個増やしてみよう。辺の数はどうなるかな？」
こんな問いかけをした。
途端に，「どこにつなげるの？」という声。
この問いかけの瞬間から，もう子どもたちは，**つなげ方が1通りではない**ことに気付いている。実際に手元にブロックを置いて考えているからこその質問である。
「どうして，そんなことを聞くの？」と聞き返すと「だって，横に並べていくだけじゃなくて，下につなげるのがあるから」と言う。

黒板上でやらせると，下図の（イ）のように置いた。
　「他にもあります」と言って，下図の（ウ）のようにやはり横一列とは異なったつなげ方も発表された。

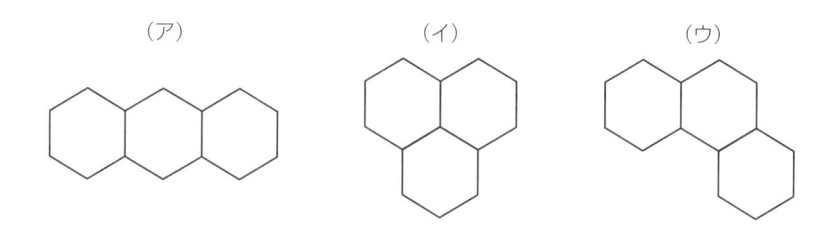

　　　　（ア）　　　　　　　（イ）　　　　　　　（ウ）

　そこで，「では，それぞれの場合について，辺の数がどのようになっているか調べなければなりませんね」
　こう言うと，「その曲がっているだけのもの（ウ）は，横一列のもの（ア）と同じです」
　「そういうもの（ア）は，『串並べ』と言おうよ」との提案もあった。

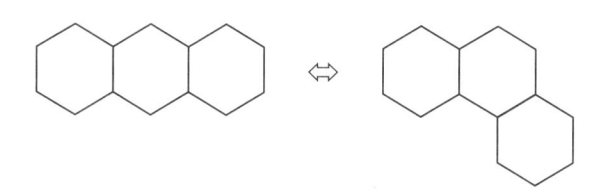

辺の数はいくつ？（中学年＊敷き詰め）

そして,「下につなげる『ミッキーマウス』のようなもの（イ）は,辺の数が違います」と言う。

分けて考えなければだめだというのである。

まずは「串並べ」については,「6＋5＋5＝16」という式と「6×3－2＝16」という式が書かれた。

この式を読み取れば, 2個の場合に考えた方法を使っていることはすぐにわかる。子どもたちもそう説明した。

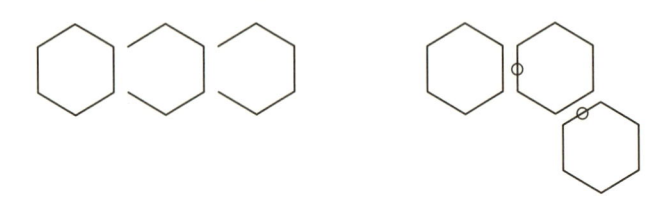

ところが,「ミッキーマウス」のほうは違った。

2つの式が登場した。

「6×3－3＝15」というものと,「5×3＝15」というものである。

ここでは,それぞれの式を読むことが大切な活動となる。

「6×3－3＝15の式は,一つずつのブロックに6本の辺があって,それが3個だからかけ算で表して,そこからひいた3というのは,くっついたところの辺の数のことだと思います」

こんな説明があった。

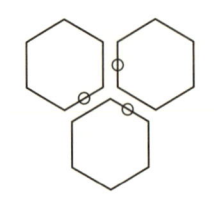

また,次の式では,「1つのブロックについて5本と数えれば,それが3

個あるという数え方です。こう考えたんじゃないのかな」と言って、黒板に図を描いた。

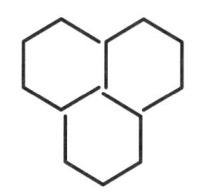

✳ ブロック4個になると

　さて、「それでは」と言うと、もう子どものほうから「ブロック4個だったら」と声がかかる。

　そこで、正六角形が4個敷き詰められるときの辺の数を考えることになる。

　今度は、並べ方のいろいろを「場合分け」して考えなければならないことがあらかじめわかっている。

　早速、いろいろな並べ方を実際に机の上でやってみる。

　正六角形ブロック4個の並べ方はたくさんある。自分でやってみて、発表となる。

辺の数はいくつ？（中学年＊敷き詰め）

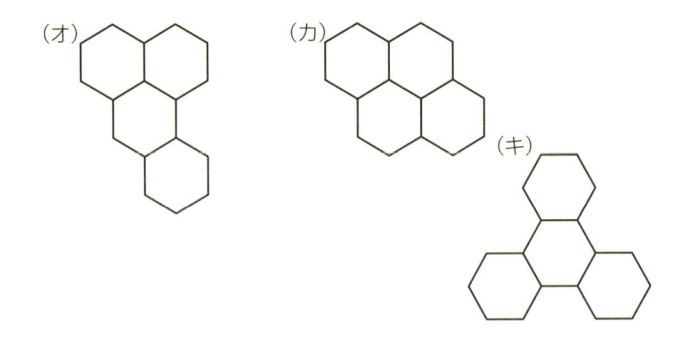

図のように全部で7個の違った並べ方が見つかった。

　さて，これらの「辺の数」であるが，全て同じかというとそうではない。

　子どもから「『串並べ』で出せるものがいくつかあります」という声が上がった。(ア)，(イ)，(ウ)，(エ)，(キ)がそれである。

　これらは，どれも「6×4－3」で求められると言う。

　「なぜ？」と聞くと，「どれも，3つ以上のブロックがいっしょにくっついていないから」と言う。

　「どれも，一直線に並んでいると見られます」とも言う。(キ)は「一直線」とはいえないものなのだが，つながりの仕組みとしては一緒だという意識がある。

　そして，「串並べ」とは違うものがあるという。

2つのブロックに同時につながっているブロックがあるというものである。（オ）

この場合は，6×4−4＝20（本）ということになる。

このひく数の4は，ブロックの辺が重複している数である。

また，1つのブロックが3つのブロックにくっついている（カ）のような場合も辺の数が違ってくる。

子どもの発言では「これも，くっついている辺の数をひいていけば求められます」と言う。式は，6×4−5＝19（本）ということになる。

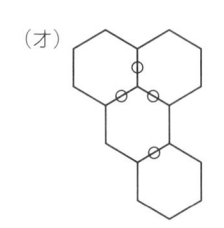

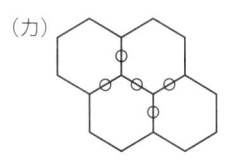

✲✱ 仕組みを考える

これらのことの仕組みをもう一度考えてみると，正六角形1個につき6本の辺があるので，n個の正六角形がつながっていれば，その辺の合計は次のようになる。

6×n−（つながっている辺の数）

先の4つつなげの形で，このことがわかりやすくなるように見直すと，正六角形の中心を結ぶ直線を考えてそれだけの図にしたとき，その直線の数が，つながっている辺の数に一致する（次ページ参照）。

したがって，式は，「6×点の数−線の数」ということになろうか。

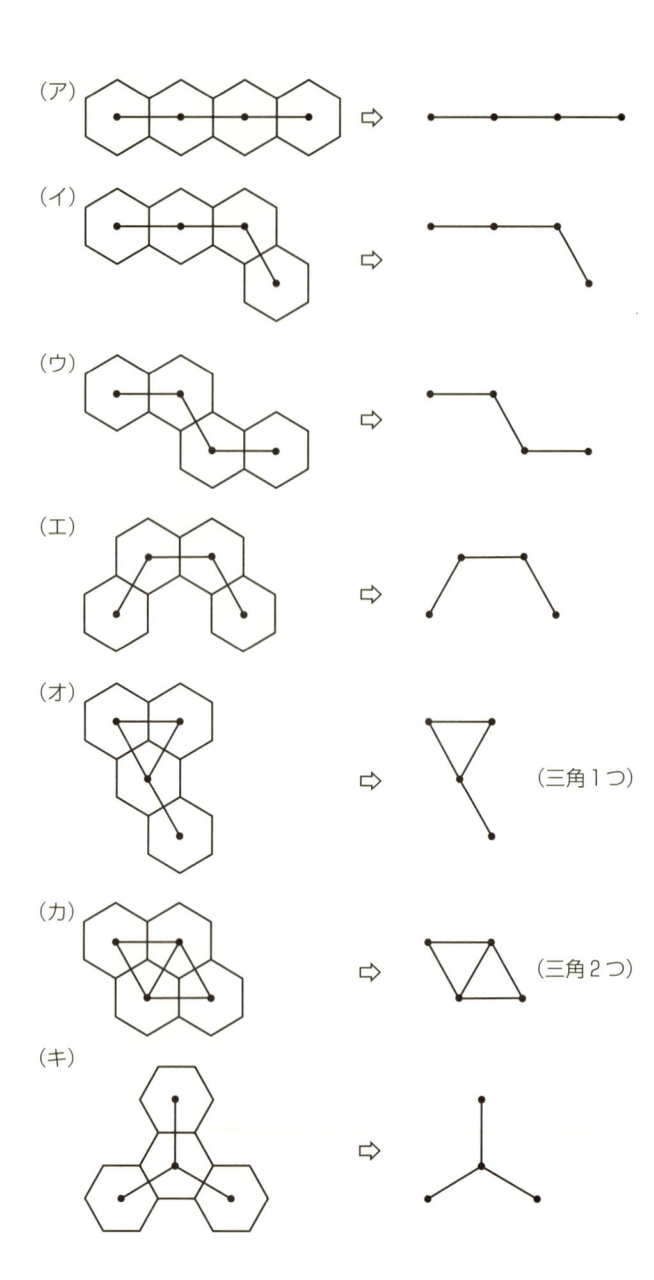

(ア) ⇨

(イ) ⇨

(ウ) ⇨

(エ) ⇨

(オ) ⇨ (三角1つ)

(カ) ⇨ (三角2つ)

(キ) ⇨

V-1 パターンブロックでオープンエンド

ここまでのことを，正六角形の数と，辺の数とを対応させて並べてみると次のような表になって，きまりが見つかる。

正六角形	辺の数		
1個	6本		
2個	11本		
3個	16本	15本	
4個	21本	20本	19本
⋮	⋮	⋮	⋮
	（串並べ）	（三角1つ）	（三角2つ）

辺の数はいくつ？（中学年＊敷き詰め）

V-2 九九表の秘密
■立体と九九の関係は？
（高学年＊体積・整数の見方）

体積の学習にかかわって，**立方体の体積について発展的な扱い**を試みた。

立方体の体積の数値は，そのまま「**立方数**」と呼ばれるものである。この立方数は，「九九表」を鍵型に見ていくことによって発見できる数でもある（p.162参照）。

そのことをきっかけに，九九表をいろいろな角度から見ていきたいという思いで，「**九九表のきまり再発見**」のオープンエンド・アプローチの授業となった。

✳︎ 立方体の体積から

一辺の長さが 1 cm の立方体ブロックがたくさんある。教具の箱に400個。

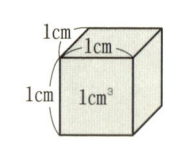

これを使って「立方数」にかかわった授業を展開する。

本時は「立方体・直方体」の授業を終えた後に行った。

立方体の学習で，その体積を求める公式は，「一辺×一辺×一辺」として教科書には表記されている。その意味は，「$1 cm^3 ×（一辺）^3$」ということだ。

つまり，単位となる「$1 cm^3$」がもとになって，そのいくつ分かを表すのである。面積における単位面積のいくつ分かで表すことと同じ発想である。

その時，立方体は直方体の特別な形なので，全ての辺の長さが同じになっている。だから（一辺）とは，縦，横，高さの3方向を全て測らなくても，どこかの一辺を一度だけ測ればそれが使えるということをも表現して

いるのだ。

　この立方体については，辺の長さが一桁の場合くらいは，一度計算して，あとはその結果を暗記しておくと都合がよい。

　暗記していなければ，その場の計算でもかまわない。時には，**電卓**などを使っても面白い。学習指導要領では電卓は「適宜使うこと」が奨励されている。

　その体積の数には，そのまま「立方数」という名前がついている。

　次のような数だ。

一辺 (cm)	1	2	3	4	5	6	7	8	9	10
体積 (cm^3)	1	8	27	64	125	216	343	512	729	1000

　このような数にかかわる，次のような問題について考える。

✻ 大きさの違う立方体を

　子どもたちに，箱の中にある400個の立方体のブロックを見せる。

　1辺1cmの立方体のブロックがあります。
　ブロックの数は400個です。
　このブロックで大きさの違う立方体を作ります。
　できるだけたくさん作りたい。一体，いくつできますか。

　問題を4文に分けて板書し，問いかけると，「小さい順に作っていけばいいのではないか」という答えが返ってくる。

　そこで，小さい順に，はじめの3個を例示の意味も含めて作ってみる。

　一辺の個数が1，2，3の場合である。

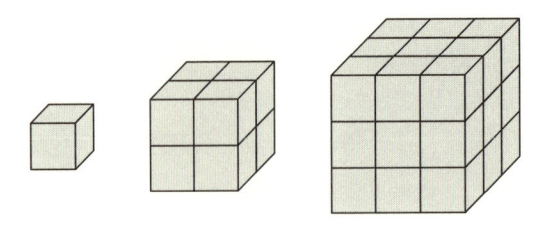

この様子を見ていた子どもたちは，そのようなものなら，きっとたくさんできるにちがいないと予想する。

　だから，「まだ，10個ぐらいできる」「いや，50個ぐらい」などと言い出す。

　しかし，ちょっと考える子は，「まてよ，そんなにできるかな…」とつぶやき出す。

　そこで，中央のテーブルの上に，みんなで，もう1個作らせる。

　一辺の個数が4の場合である。

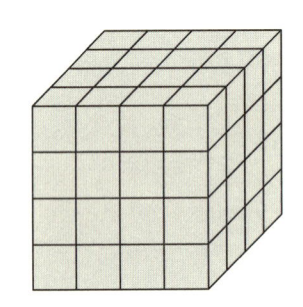

ここまでやっても，残りの数がまだあるように見える。

✼✼ 立方体に使う個数の合計は

　ここで，残りが一体何個になっているかを問う。

　この問いは，裏を返せば，ここまでに使ったブロックの個数を尋ねていることになる。

　子どもたちは早速，作られた立方体の個数の合計をノートに計算しだす。

1 + 8 + 27 + 64 = 100

「あっ，ちょうど100個だ！」と驚きの声が上がる。

自分でもそれを確かめた子どもたちは，残りが「300個」だと気付く。

この数についても，二通りの反応がある。

「もっとたくさんできそうだ」と言う子と，「うーん，これじゃあ，もう少ししかできないぞ」と言う子である。

「もっとたくさん」と言った子も，反対の声を聞くと「おやっ」という顔で，すぐに考えはじめる。

「次の立方体は，5×5×5＝125個だ」

「そうか，125個使っちゃうと，残りは，300−125＝175。これじゃあ，一辺が6個の立方体（216個）ができないぞ」

そんな声が出てくるのを待って，黒板には「175＜216」と書く。こんな時には，不等号を大いに使う。

✳ きまり発見

ここまでのことで，400個のブロックでは大きさの違う立方体が，たかだか5個までしか完成しないことがわかった。

そこで，この「**使ったブロックの個数**」（累積個数）についてまとめる。

一辺の数	1	2	3	4	5	6
全部の数	1	8	27	64	125	216
累積個数	1	9	36	100	225	

（41個たりない）

これを見て，また，新たな発見がある。

それは，この累積個数が，それ自身二乗の数（平方数）だということである。

立体と九九の関係は？（高学年＊体積・整数の見方）

```
  1 = 1 × 1
  9 = 3 × 3
 36 = 6 × 6
100 = 10 × 10
  ⋮     ⋮
```

さらに驚きの発見もある。

「この1や3や6や10は，一辺の数を使ってできる数です。1は1のままですけど，3は（1+2）になります。6は（1+2+3）です。そして，10は（1+2+3+4）です。一辺の数をたしたものになっています」と言う。

ここにまで及ぶと，教室のみんなは感嘆の声を発する。

```
  1 = 1³                   = (1) × (1)
  9 = 1³+2³                = (1+2) × (1+2)
 36 = 1³+2³+3³             = (1+2+3) × (1+2+3)
100 = 1³+2³+3³+4³          = (1+2+3+4) × (1+2+3+4)
  ⋮     ⋮                            ⋮
```

もっと洗練された式にすれば，$1^3+2^3+3^3+4^3=(1+2+3+4)^2$ ということだ。このことの発見は，きまりを見抜く力となって子どもの身についていくのである。

「立方数の和」は，「自然数の和の二乗」に等しいということが子どもたちはわかった。

やさしく言うならば「立方体を作ったブロックを並べなおすと正方形になる」ということである。しかも，次ページの図のように並べなおし方を工夫すれば，そのことがもっとよくわかる。

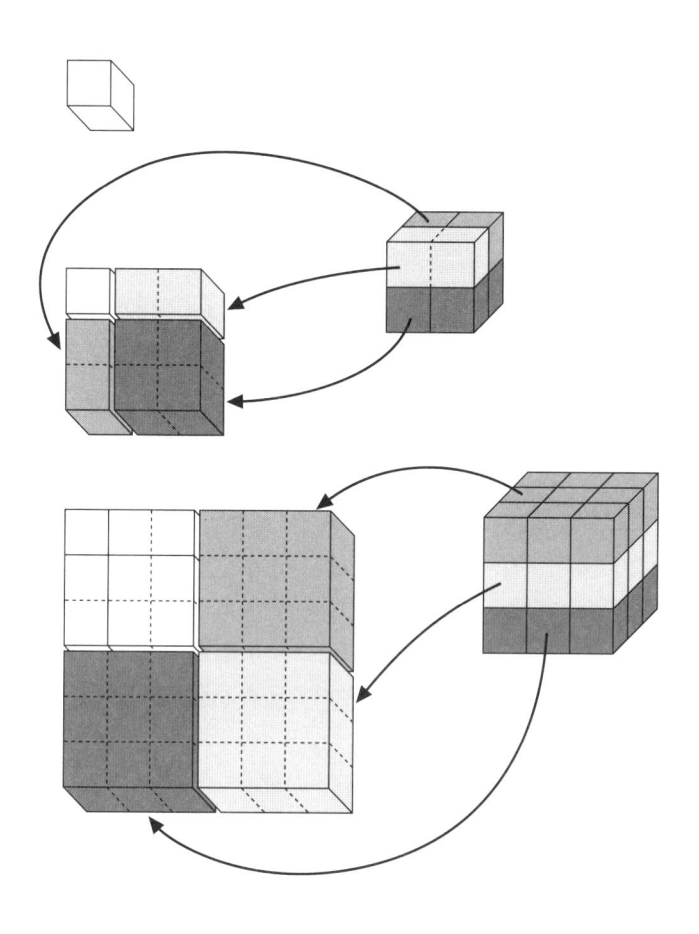

※✻ 九九表に見られる立方数

　ここで扱った立方数が「九九表」に見られることを子どもたちと共に確認する（シリーズ②『算数楽しく　ハンズオン・マス』も参照されたい）。

　この表のように，鍵型に数を足していくと，そこに立方数が現れる。

　このことの「**なぜ**」を説明するのはなかなか難しい。

　T君の答えはこうだ。

立体と九九の関係は？（高学年＊体積・整数の見方）

1	2	3	4	5	6	7	8	9
2	4	6	8	10	12	14	16	18
3	6	9	12	15	18	21	24	27
4	8	12	16	20	24	28	32	36
5	10	15	20	25	30	35	40	45
6	12	18	24	30	36	42	48	54
7	14	21	28	35	42	49	56	63
8	16	24	32	40	48	56	64	72
9	18	27	36	45	54	63	72	81

$1^3 = 1$
$2^3 = 8$
$3^3 = 27$
$4^3 = 64$
$5^3 = 125$
$6^3 = 216$
$7^3 = 343$
$8^3 = 512$
$9^3 = 729$

「端の部分の数が4のところでは，かぎ型のかどの部分の数が16です。このかぎ型のところには16が4個あることがわかります。16＝4×4だから，これが4個あれば，4×4の4つ分で4×4×4になります」

クラス全員の子がわかるように，このことの説明がほしい。そこで別の子に説明をしてもらった。

「まず，かぎ型のかどの部分の数が16（＝4×4）です。

そして，かぎ型のたてと横に同じ数が並んでいます。だから，4＋12＝16。8＋8＝16。12＋4＝16です。

これで，16が4個になりました。だから，4×4×4になります」

これは，右の図のように4×(1＋3)＋4×(2＋2)＋4×(3＋1)＋4×4＝(4×4)×4と説明できる。

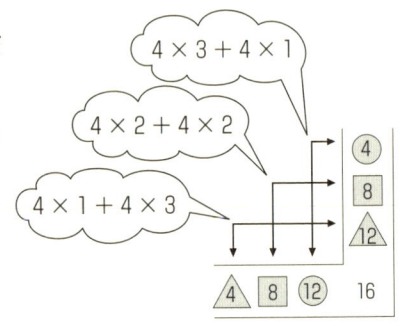

4×3＋4×1
4×2＋4×2
4×1＋4×3

✱ 九九表からきまり発見

こうなると、この「九九表」にもっと他にも面白いきまりが潜んでいるかもしれないと考え出す。

「九九表のきまり発見」と板書する。

まずは、一人でノートに様々に見つけられるきまりを探してみる。

できれば、そのきまりの成り立つ「なぜ」についても考えてみることにする。

やがて発表となる。

発表は、いくつかの表の見方について、分けて整理していくことにした。

まず、「数の並び方に関して」のきまりである。

発表されたきまりを列挙してみる。

(1) 行列の差に関連して

①縦にも横にも、どの列も数の差が同じになっている。

例えば、6の段では次のようになっている。

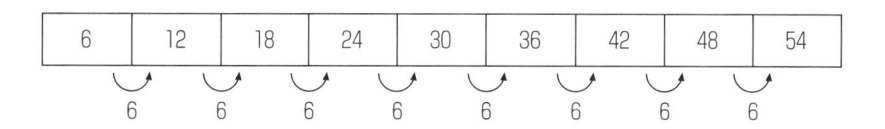

| 6 | 12 | 18 | 24 | 30 | 36 | 42 | 48 | 54 |

   6   6   6   6   6   6   6   6

6の段のかけ算は、累加の考えによれば6ずつ増えているので当然である。

②左上から右下への対角線上の数 {1, 4, 9, 16, 25……} の差は、
  {3, 5, 7, 9……} と奇数になっている。

このきまりは面白い。「平方数と平方数の差は、奇数になる」ことの発見である。このことの「なぜ」を聞いてみる。

「対角線上の数は，正方形の面積を表す数です。これをおはじきを並べて考えます。このように正方形になります。そして，これをかぎ型に見ていくと，奇数になっています。正方形はだんだん大きくなっていくのだから，その差が奇数になっていると言っていいんじゃないですか」

こんな説明が図と共に登場する。

ドットの図はそのまま平方数を表すモデルでもあるし，見方を変えれば奇数を表すモデルとも見られるのである。

このことから，逆に「奇数の和は平方数になる」ということもできる。

図が少しわかりにくいので，私のほうで図を少しつけ加えてわかりやすくして子どもたちに示した。

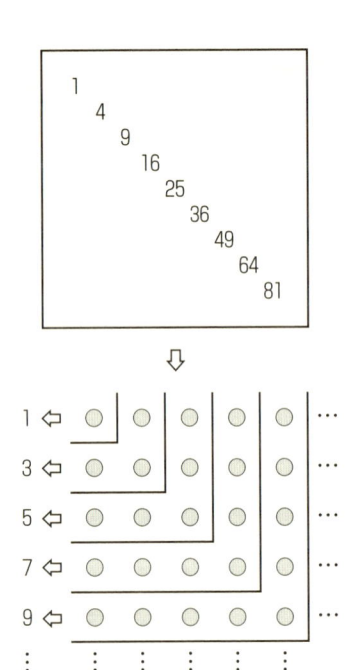

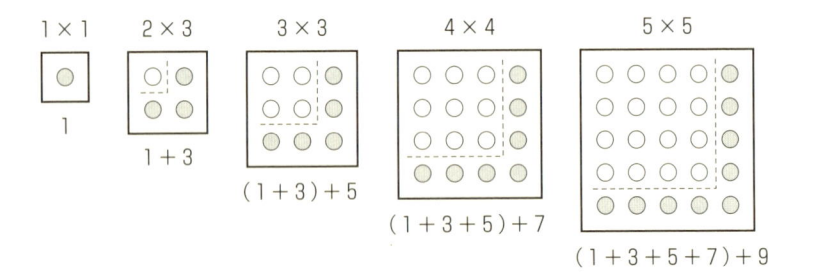

| | 1×1 | 2×3 | 3×3 | 4×4 | 5×5 |

1
1+3
(1+3)+5
(1+3+5)+7
(1+3+5+7)+9

（2）倍数・約数に関連して

③縦にも横にも，はじめの数の倍数が並んでいる。

これは，九九の表だから当たり前のことではあるが，「**倍数**」という見方になれば，**一列の数が無限に続く**ということを表現していることになる。

④ある数を見たとき，その列の上か左端の数は，その数の「約数」である。

これは，前述のきまりを逆にとらえた見方である。

（3）線形な関係

⑤同じ列で見ると，A段目の数とB段目の数をたすと，A＋B段目の数になる。

例えば，3＋4＝7となっていることや，9＋12＝21のことである。

これも子どもたちに「なぜ」を聞いてみる価値がある。

2の段	2	4	6	8	…
3の段	③	6	⑨	12	…
4の段	④	8	⑫	16	…
5の段	5	10	15	20	…
6の段	6	12	18	24	…
7の段	⑦	14	㉑	28	…
8の段	8	16	24	32	…

「9は，3×3で，12は，4×3です。だから，9＋12＝3×3＋3×4＝3×（3＋4）＝3×7＝21です。この表のどこでもそうなっています」

分けて計算をして後でたすという，**分配法則**のきまりになっているということだ。大変によい説明ができている。

（4）対称な関係

⑥対角線を境にして，左下の部分の数の並び方が右上部分の数と同じになっている。

このことは，誰でもすぐにその「なぜ」が説明できる。

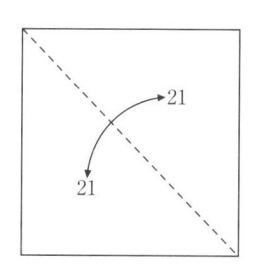

「だって，九九表は，たてに見ても横に見ても同じになっているので，これは，3×7＝7×3のように，かけ算では，前の数と後ろの数をひっくり返しても答えが変わらないからです」という説明である。

このことを聞いて，すぐにこの反対の見方で別の発見がある。

立体と九九の関係は？（高学年＊体積・整数の見方）

⑦対角線を境にして左上部分と，右下部分の数について，その一の位の数だけが同じになっている。

この発見には，みんな意表をつかれてびっくりである。

多くの子どもに，反対の対角線を見ていこうという**逆の発想**があった。

しかし，そちらには何もきまりが見つからなかったのである。

だが，この発表をした子は，「**全体は同じではないが，部分はどうか**」と**発想を転換**させたのである。

そうしたら，一の位に同じ数があることに気付いたのである。

素晴らしい見方であり，その見方を大いに褒める。

そのことで，他の子どもたちも，今度はそうやって見ていこうと考えることになるのである。

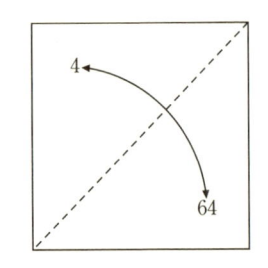

ちなみに，九九表の一の位だけ抜き出すと，このことが大変によくわかる。

（5）偶数・奇数に関連して
　⑧縦に見ると，一番上の数が偶数の場合には，その下が全て偶数になっている。そして，一番上が奇数の場合には，その下が偶数と奇数が交互に並んでいる。

このことは，偶数と奇数のかけ算の結果を吟味する活動につながる。

「例えば，偶数の4の下だったら，何をかけても4倍されるから，偶数になります。そして奇数の7の下だったら，7を2倍して偶数，そして7を3倍して奇数…，となっていきます」

「偶数に，偶数をかけても奇数をかけても，偶数になります。奇数は偶数をかければ偶数になり，奇数をかければ奇数になるということです」

このことを表にしてまとめる。

右のように九九の答えが奇数になる場合が全体の四分の一になることがわかる。
　次は「和に関してのきまり」である。

×	偶数	奇数
偶数	偶数	偶数
奇数	偶数	奇数

（6）45の倍数
　⑨横一列の数の和は45の倍数になっている。
　この発見についても「なぜ」を問うことができる。
　「どういうことかな？」
　「例えば，一の段では，『1＋2＋3＋4＋5＋6＋7＋8＋9＝45』で，その下の2の段の和は90になっています。3の段では，135になっています。どの段も45の倍数です」
　「どうして，そうなっているのかな？」
　「それは，2の段では，一つ一つの数が上の1の段の2倍になっているから，全体の合計も2倍になります。その下の3の段では，やっぱり一つ一つが上の1の段の3倍になっているから当然全体も3倍になります」
　このことと，次の発表を使って**九九表全体の数の合計**を求める面白い問題に挑戦すると，最終的に45×45で求められることが発見できる。

　⑩横一列の平均が真ん中の数になっている。
　「平均」という見方が登場する。この見方ができれば，先の発見の横一列の合計の求め方について，簡単に求めることが可能になる。
　例えば，4の段では，次のように20が平均である。

4	8	12	16	**20**	24	28	32	36

　式に表すと，（4＋8＋12＋16＋20＋24＋28＋32＋36）÷9＝20である。
　このことから，一列の合計は，20×9＝180と，簡単に計算できる。
　さて，この二つのきまりを使って，子どもたちに次の問題を投げかける。

立体と九九の関係は？（高学年＊体積・整数の見方）

「この九九表の数全部の合計はいくつになりますか？」

この問題を，子どもに興味をもたせるためにもう少しアレンジする。

「この九九表の上に，その数字の数だけ1円玉を置いたら，全部でいくらになるでしょう？」

この問題にも解き方がいろいろあるが，そのうちの二つを紹介する。

一つ目は，先に紹介した横一列の合計が45の倍数であることを利用する。

$45×1+45×2+45×3+45×4+45×5+45×6+45×7+45×8+45×9$
$=45×(1+2+3+4+5+6+7+8+9)$
$=45×45$
$=2025$

この式が，$45×45$になったところで，みんなはなかなか**美しい式**だと感じる。

そして，もう一つの解き方では「**平均**」の考えを使う。

この問題，横一列は，真ん中が平均になるので，全てが真ん中の数に変わると考える。（表②）

次に，今度は縦に見て，やはり真ん中の数が平均として，全部が真ん中の数に変わると，全部が25になってしまうことがわかる。（表③）

このことから，合計は次のように求められる。

$25×81=2025$

1	2	3	4	5	6	7	8	9
2	4	6	8	10	12	14	16	18
3	6	9	12	15	18	21	24	27
4	8	12	16	20	24	28	32	36
5	10	15	20	25	30	35	40	45
6	12	18	24	30	36	42	48	54
7	14	21	28	35	42	49	56	63
8	16	24	32	40	48	56	64	72
9	18	27	36	45	54	63	72	81

表①：九九表

⇩

5	5	5	5	5	5	5	5	5
10	10	10	10	10	10	10	10	10
15	15	15	15	15	15	15	15	15
20	20	20	20	20	20	20	20	20
25	25	25	25	25	25	25	25	25
30	30	30	30	30	30	30	30	30
35	35	35	35	35	35	35	35	35
40	40	40	40	40	40	40	40	40
45	45	45	45	45	45	45	45	45

表②：九九表（表①）の横一列の平均

⇩

25	25	25	25	25	25	25	25	25
25	25	25	25	25	25	25	25	25
25	25	25	25	25	25	25	25	25
25	25	25	25	25	25	25	25	25
25	25	25	25	25	25	25	25	25
25	25	25	25	25	25	25	25	25
25	25	25	25	25	25	25	25	25
25	25	25	25	25	25	25	25	25
25	25	25	25	25	25	25	25	25

表③：上の表（表②）の縦一列の平均

立体と九九の関係は？（高学年＊体積・整数の見方）

このことから，次のこともきまりの一つに加わることになった。

⑪九九表は真ん中の数25が全体の平均になっている。

実際に，九九表の上に一円玉を置いてみたのが次の写真である。全部で2025円となる。

最後に「数列について」のきまり発見である。
これはすでにこの学習のきっかけになった立方数や平方数のことである。

（7）平方数

⑫対角線上の数は，平方数である。

「平方数」については，正方形の面積の数として教えてある。$6×6=36$というときに，「$6^2=36$」という表現の方法も教えた。

⑬鍵型に数をたしていくと，立方数になる。

これについては，この授業のはじめに述べたことで，子どもにとって，九九表の意外なきまりとなっている。

> このような，表の中から関係や法則を見つけて「なぜ」を考える学習によって，ものごとを分析する力を育むことができる。子どもたちが将来，大学や研究機関で研究をしたり，ビジネスの世界でマーケティングなどを行う際に役立つ，ものの見方・考え方であるといえよう。

さんすうコラム ④

Σの話〜式の発想〜

　同じ数を何度もたしていく。
　「2＋2＋2＋2＋2＋2＋2」といったものだ。
　そうした式に出合った時には，なんとか工夫して簡単な式にならないものかと考えるのが普通だ。
　こうした場合には，かけ算の式が使える。
　これは，2年生の九九の学習の導入にやることである。
　「2×7」と表記する。
　ならば，「2×2×2×2×2×2×2」という場合には，なんとか簡単に表記できないものかと考える子どももいる。
　6年生も最後の段階になって，こんな時には「2^7」と表記するのだと教える。「2の右肩に書かれる数値は，その数だけ2をかけることを意味する」と。
　正方形の面積や立方体の体積などを求める公式は，正方形の面積＝（一辺）^{2}と書いたり，立方体の体積＝（一辺）^{3}と書いたりしたほうがよい。なぜなら，「一辺」を知ることによって，いっぺんに求められる公式だからだ。
　小学校では指数の学習をしないから，しかたなく正方形の面積＝（一辺）×（一辺）とか，立方体の体積＝（一辺）×（一辺）×（一辺）と書いているのである。指数を使って書くほうが，考え方の意図するところがよく表現されていると思う。
　だから，こんなことも6年生の最終段階にいたっては場合に応じて指導してもよい。
　このことは6年生でもすぐに納得し，簡単な場合に使えるものとなる。
　すると，また新たな疑問も起こってくる。
　「1＋2＋3＋4＋5＋6＋7＋8＋9」のような場合だ。

1ずつ増えていくたし算である。これも一定のパターンで増えていくたし算なので，いちいち全部書かなくてもなんとかならないものかと発想する。

これを6年生に考えてもらった。すると，こんな発想が登場した。

$$1 < \genfrac{}{}{0pt}{}{9}{+1}$$

子どもの説明によると，この意味は次のようになる。

左端の数「1」は，「はじめの数」。そして「＜」は，「だんだん増える」という意味。中の「＋1」は，「1ずつたしていく」ということ。上の数「9」は「9まで」ということ。

この感性は，素晴らしい。

$$\sum_{n=1}^{9} n$$

数学の世界で使われている「Σ」の発想と同じである。

これを発想した子に，「なぜ『＜』のような記号を使うことを思いついたのか」と聞くと，「音楽の時間に『クレッシェンド』というのを習いました。これは『しだいに強く』という意味です。ここでは数がだんだん大きくなっていくので，これが似ていると思って使ってみました」と言う。子どもの発想の素直さに感動である。

算数の時間のちょっとした脱線話ではあるが，こんな発想をした子も，それに付き合った子たちも，将来，数学の時間に「Σ」が登場しても，その意味をたやすく受け入れてくれるのではないだろうか。

■さんすうコラム③の答え

イ．中心　　ロ．半円　　ハ．四分円　　ニ．扇形　　ホ．弓形
ヘ．八分円　ト．直径　　チ．半径　　　リ．弧　　　ヌ．円
ル．弦　　　ヲ．円周　　ワ．接線

VI

分類の問題

VI-1 式に対する感覚を磨く
■式の仲間分け

（低学年＊数と計算）

✳︎✳︎ 式の分類

「式に表す」「式を読む」という力は算数の中でも重要な能力である。また「式に対する感覚を磨く」というのも大切なことだ。しかし，これを抽出して授業をするということは，あまり行われない。

ここでは，あえて，「式に対する感覚を磨く」ことに焦点を絞ってオープンエンド・アプローチを行ってみようと思う。

1年生の最後の段階である。

このことが将来，式を見た時に式の変形ができたり，上手に式を操作することができることにつながるであろう。

例えば，3＋3＋3＋3を見た時には，3×4と見て計算することができたり，また，3＋4＋5を見た時に，順に1ずつ増えていく式なのだから，真ん中の数が全体の平均になるということを直感すれば，これは4＋4＋4と同じだとわかるに違いない。

このようなことが自由自在にできるためには，いつでも式を工夫して見ることが必要になる。

ここでは，10個の式を見て，なんらかの観点から同じと見られるかどうかを考え，登場した式の分類をする授業を紹介する。

「演算に着目する」「計算した答えに着目する」「計算の仕方に着目する」「式の数値や項数などに着目する」などの観点が登場することになる。

❋ 式を見る

　授業の始まりは，カードに書かれた式を見ることからである。
「さあ，今日は，先生がカードに書いてきた式を見て考えてもらうよ」
　こう言って，黒板に次々と貼っていく。式が書かれた全部で10枚のカードである。

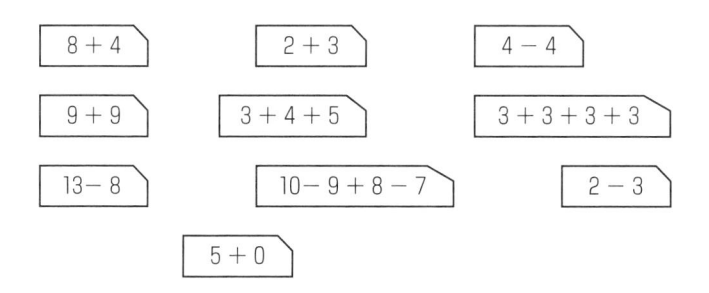

```
  8＋4           2＋3           4－4

  9＋9          3＋4＋5        3＋3＋3＋3

  13－8        10－9＋8－7        2－3

         5＋0
```

　みんな真剣に見ている。
「この中に，同じものがあるかな？」
「同じものは，一つもありません」
　こんな答えが返ってくる。当然だ。全く同じものはない。
「そうだよね。でも，『何かが同じ』といえそうな式がありますよ」
　こう言うと，また，しっかり黒板のカードをにらむ。
「あっ，『答えが同じ』ものがあった」
「それは，どれかな？」
「『2＋3』と『5＋0』は，どっちも答えが5になります」
「よく見つけたね。これは**『答えが5だから同じ』**と見られるんだね」
「先生，他にも5になるのがあります。『13－8』です」
「なるほど，他にもあったね」
　こんなやりとりから，「○○**だから同じ**」と板書する。
　そして「答えばかりでなく，『○○**だから同じ**』といえるものをもっと探してみましょう」と，この活動の意味がわかるように表現する。

質問も出る。

「じゃあ，答えが同じでなくてもいいんですか？」

「そうです。何かが同じと見られればいいんだよ」

このように答え，もう少し例になるものを言ってもらう。「他にもあるかな？」と問うと，子どもらしい見方も登場する。

「『2＋3』と『3＋4＋5』が同じです」

早速，同じ仲間になる式を見つけて，言い出した。

こんな時には，他の子に「その理由はなんだろう？」と問いかければよい。

あらかじめ自分でそのような見方をしていなくても，子どもたちはそこから考え出す。

「**『順番に数が並んでいるから同じ』**だと思ったんだよ，きっと」

よく見抜いた。

「だったら，『10－9＋8－7』もそうだよ」

「でも逆の並び方だ」

「こんな見方もいいね」と言いながら，黒板に2つの例を示す。後の発表でいちいち式の中身を言わなくても，速く仲間の式を指摘できるように，それぞれの式カードに記号を付けて，次ページのように板書した。

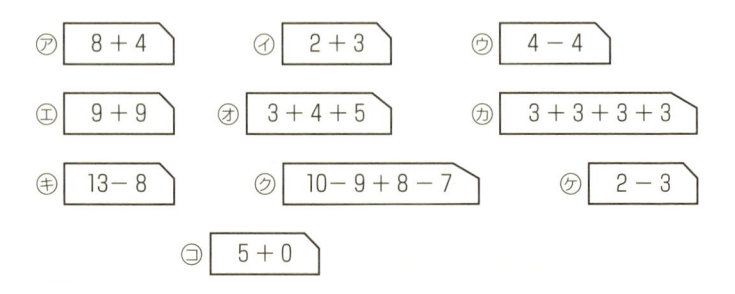

㋐ 8＋4　　㋑ 2＋3　　㋒ 4－4

㋓ 9＋9　　㋔ 3＋4＋5　　㋕ 3＋3＋3＋3

㋖ 13－8　　㋗ 10－9＋8－7　　㋘ 2－3

㋙ 5＋0

(板書)

```
○○だから同じ ⇨ {    }
(れい)
『答えが5だから同じ』        ⇨ {イ, キ}
『順番に数が並んでいるから同じ』 ⇨ {イ, オ, ク}
```

✻✱ いろいろな分類

「いま，2つの見方が出ました。きっと，もっとよく見ると別の見方もありますよ。探してみましょう。見つけたらノートに書いてみよう」

さて，しばらくして発表である。

突然，意見が出てきた。どこかで登場すると思っていたが，はじめからである。

「先生，一つ間違っている式があります」

「ほう，それはなんだい？」

「『2－3』っていうのが変です。答えが出ません。だからおかしい」

「それは，答えが0じゃないの」

「2－2なら0だけど，ちがうよ」

「答えがありません」

なかなかよいやりとりをしている。なかには「マイナスを使えばいいんだ」などと知ったかぶりをする子もいる。しかし，みんなにはいま一つよくわからない。そこで，こんなことを言ってみる。

「これは『答えがない』って言ったね。じゃあ，他の式はどうなの？」

「みんな答えがあります」

「だったら，『ケ』以外は**『答えがあるから同じ』**というのはどう？」

「えー，そんなのっていいのお」

みんな笑っている。黒板に早速書く。

式の仲間分け（低学年＊数と計算）

> 『答えがあるから同じ』　⇨　{ア,イ,ウ,エ,オ,カ,キ,ク,コ}
> 『答えがない（から同じ）』　⇨　{ケ}

ついでに『答えがない（から同じ）』というのもつけ加える。たった一つしかない式でも「同じ」というのは「なんだかおかしい」と子どもは言うが、対になるものがあるので、添えておくことにする。
「他にもあります。『たし算だから同じ』」
「ぼくもだ。式が言えます。『8+4』『2+3』『9+9』『3+4+5』『3+3+3+3』『5+0』です」
「『ク』の式にもたし算があります」
こんな時には、『たし算だけだから同じ』というのと、『たし算が入っているから同じ』というように分けて書くことにする。

> 『たし算だけだから同じ』　⇨　{ア,イ,エ,オ,カ,コ}
> 『たし算が入っているから同じ』　⇨　{ア,イ,エ,オ,カ,ク,コ}

当然、このあとに、『ひき算だけだから同じ』『引き算が入っているから同じ』というものが出された。

> 『ひき算だけだから同じ』　⇨　{ウ,キ,(ケ)}
> 『ひき算が入っているから同じ』　⇨　{ウ,キ,ク,(ケ)}

はじめに「答えに着目した」式が例として出されたが、このたぐいの観点が登場する。
「『答えが12だから同じ』です」
「『8+4』と『3+4+5』と『3+3+3+3』です」
この他に『答えが10より大きいから同じ』『答えが10より小さいから同

じ』というものが出された。

　また，たった一つの式しかないが，『答えが0だから（同じ）』『答えが変わらないから（同じ）』（被加数と答えが同じ）というものも，特徴的なこととして発表された。

　例に出されたものも，観点が同じなので，ここに並べて書いておく。

『答えが10より大きいから同じ』　⇨　{ア，エ，オ，カ}
『答えが10より小さいから同じ』　⇨　{イ，ウ，キ，ク，コ，(ケ)}
『答えが0だから（同じ）』　　　　⇨　{ウ}
『答えが変わらないから（同じ）』　⇨　{コ}
『答えが5だから同じ』　　　　　　⇨　{イ，キ，コ}

　「計算の仕方」も観点として登場する。

　『くり上がりがある計算だから同じ』というものである。これは，答えが10より大きくなるというのと同じ意味のものになる。したがって，その仲間の式は同じになるはずだ。

　これが登場すると，当然『くり下がりがあるから同じ』と言ってみたくなる。これは『キ』の式一つだけであった。

『くり上がりがある計算だから同じ』　⇨　{ア，エ，オ，カ}
『くり下がりがあるから同じ』　　　　⇨　{キ}

　「**式の数値や項数などに着目**」する見方もある。

　まず，式の中の数値に着目しているもの。

『同じ数だけが並んでいるから同じ』　⇨　{ウ，エ，カ}
『2けたの数が入っているから同じ』　⇨　{キ，ク}
『1けたの数だけだから同じ』　　　　⇨　{ア，イ，ウ，エ，オ，カ，
　　　　　　　　　　　　　　　　　　　　ケ，コ}

また，式の中に出てくる数字の個数に着目するものもある。

『2つの数の式だから同じ』　⇨　{ア，イ，ウ，エ，キ，ケ，コ}
『3つの数の式だから同じ』　⇨　{オ}
『4つの数の式だから同じ』　⇨　{カ，ク}

さらに，もっと興味深いのは，数値の並び方に着目しているものがある。はじめの「例」にもあった『順番に数が並んでいるから同じ』という視点である。

『同じ数字が使ってあるから同じ』　⇨　{イ，ケ}
『順番に数が並んでいるから同じ』　⇨　{イ，オ，ク，ケ}
『順番に数が減っているから同じ』　⇨　{ク}

✳︎✴︎ 他の内容での試み

このような学習を体験すると，以後，式を見ていく時に，その特徴をいち早く見いだすことができるようになる。

また，このような学習は，なにも「式」でなくてもよい。

数そのものについても，いくつかの代表的なものを並べると，そこに様々な観点から数を見いだす目が育つ。

次のような**整数**があれば，その分類の観点は様々だ。

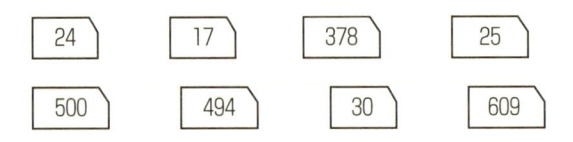

| 24 | 17 | 378 | 25 |
| 500 | 494 | 30 | 609 |

例えば，「**偶数・奇数**」の観点から分類することができたり，数の「**桁数**」で見たり，「**どんな数でわれるか**」という観点もある。あるいは，何桁かの

数の並び方を「**対称性**」という観点で見ることもできる。

時には「**素数か合成数か**」といった観点もあるし，「**『何十』という丸められた数か，端数まである数か**」といった場合もある。

このような場合に「分類の活動」をすれば，整数の見方が一層豊かになるにちがいない。

VI-2 図形の感覚を豊かに①
■立体図形の分類

(高学年＊立体図形)

　様々な立体についてその特徴をはっきりさせ，**立体を見ていく観点をいろいろと考えていく活動**をここでは紹介する。

　この内容の授業では一般に，個々の立体について，それぞれの特徴を調べていく。そして，単元の最後に評価問題として，「次のものに当てはまる立体はどれですか？」という問いかけを行う。

　例えば，いくつかの立体が並べてあって「柱体はどれですか？」「錐体はどれですか？」と問いかけるのである。子どもたちは，該当するものを問題の下に描かれた立体の中から正しく選んでいく。

　これは，他者が決めた観点に当てはまるものを選ぶだけの活動でしかない。子どもにとっては受け身の活動だ。また，該当する立体が選べたかどうかだけで理解度が評価されてしまう。

　このような問題に対してここでは別の扱い方を考えてみる。それは，**自らの観点で立体の仲間分けをしていく活動**だ。それは非常に**積極的な活動**となる。一つ一つの立体を，自ら決めたいろいろな視点から観察することになるからである。

　これは，立体に関する**授業の導入**にも使えるし，**評価問題**としても使える。**数学的考え方を評価**するのによい問題となる。

✱ 8個の立体を見て

教卓の上に厚紙で作った8個の立体模型を置く。

これだけでも子どもの目が輝いてくる。実物には人を動かす力がある。

「ここにいろいろな立体が並んでいます。全部で8個あります。いろいろありますね。（あ）から（く）まで，記号をつけておきましょう。後で話をしやすくするためです」

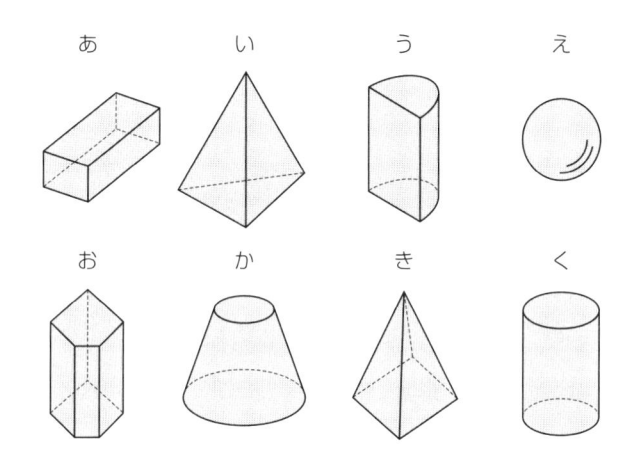

あ　　　　い　　　　う　　　　え

お　　　　か　　　　き　　　　く

子どもたちは，この立体を見て早速感想を言っている。

「（え）は，ボールじゃないか？」

「（あ）は，直方体だよ」

「（き）は，ピラミッドだね」

こんな具合である。すでに知っているものを言い合っているのである。

こんな様子を見ながら，問題を出す。

「この立体の中から，先生が一つの立体を取り上げます。

うーん，どれにしようかな…。そうだ，これにしよう。（い）です。

この（い）の立体をよく見てごらんなさい。この立体は，いろいろな特徴をもっていますね。まず，それを考えてみます。

立体図形の分類（高学年＊立体図形）

次に、それと同じ特徴をもっている立体をこの中から見つけるのです」
こんな問いかけである。
そして、同時に表をつくらせる。
黒板には、次のような表を書いた模造紙を貼る。
子どもたちは、これを真似してノートに表を描く。

特ちょう	あ	い	う	え	お	か	き	く

✳ 分類の観点を見つける

問題の意味がなかなかつかめない子どももいることを察知して、「では、だれかに例をつくってもらおうかな」ともちかける。

すぐさま、何人かが手を挙げるが、答え方はよくわからない。ひとまず、どう答えてもよいので、S君に言ってもらう。

「僕は、(い)と、(き)が同じだと思いました。なぜなら…」

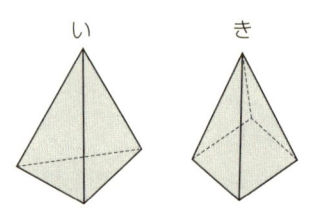

すかさず、「なるほど。今、S君は『なぜなら』と言おうとしたけれど、その『**なぜ**』について、みんなはわかるかな？」と問いかける。

これだけでも、みんなは目を前に向ける。

「それは、『上の先がとがっている』ってことを言っていると思います」

みんなも納得である。S君も「そうです」と言っている。

そこで, この表に「例」としてこのことを書き込む。みんなもノートに同じように書き込む。「特ちょう」のところに,「上の先がとがっている立体」と書き, その右側の欄に該当する（い）と（き）に○印を付ける。

これで, みんなも表の使い方がわかった。

特ちょう	あ	い	う	え	お	か	き	く
〔例〕上の先がとがっている立体		○					○	

ここで質問が出た。

「先生, それだったら（い）のところは, 必ず○が付きますね。はじめから付けておいていいですか？」

要領のいい方法を言ってくる。

「『〜ではない立体』というのは書いていいですか？」

こんな質問もあるが, これは鋭い考え方である。しかし, 多くの子どもが何の質問かがよくわかっていないので, 後でそんなのが出てきたら具体的に検討しようということにした。

また, それぞれの発表の時に, 新しい知識が付け加わった時には「おまけの話をしましょう」と補足した。

ちなみに, この「例」の時には,「上の先がとがった立体」というのが出てきたので次のような解説を付け加えた。

「昔の人は, この形を大工さんが使う『きり』に見立てました。『きり』を漢字で書くと『錐』です。これは音読みで『すい』と読みます。ですから, このような立体を『**錐体**』と言いますよ」と。

こんな風に授業を進めていくことにしたのである。

立体図形の分類（高学年＊立体図形）

早速，作業開始。個別に考える時間である。

手元には，各自に，この立体の図が描かれたプリントを配付した。みんなプリントの図と教卓の実物を対応させて比べている。

✳ いろいろな観点の発表

いよいよ発表である。

まず，子どもの代表に，特徴として発表された観点と，該当する立体のところに○印を模造紙の表に記入させる。

Aさんの発表。

「上にいくほど小さくなる立体」

これを聞いた途端，「それはさっき例として発表された『錐体』と同じだと思います」という声が上がった。

ところが，Aさんは「違います」と言った。

みんなの顔が「おやっ」という風に変わった。

すると，「そうだ。Aさんの言ったものだと，(か)も入るよ」と応援があった。本人はにこにこしている。

みんなも納得顔になる。上にいくほど徐々にすぼまっていく立体のことを指しているのだ。つまり，(か)のような立体を錐体の仲間に加えたということになる。子どもの素晴らしい立体感覚といってよい。

「それは，錐体の上を切り取った形と見られるよ」

よいことを言う子がいる。

そこで，「このように，錐体の上を切り取った立体のことを台に見立てて『〜錐台』といいます。これは底の面が円になっているので，もとの形は『円錐』です。そして，これは『円錐台』といいます」と教えた。

「切り取った小さいほうは，やっぱりもとの形から見ると『ミニ円錐』になっているよ」と言う子があった。

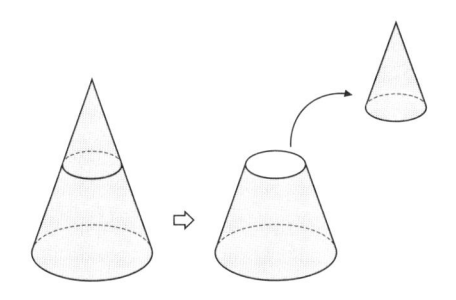

一つの立体が，別の立体の部分になっているという見方は，大変に柔軟なものだといえる。ここでもまた，一つ新しい知識が加わった。

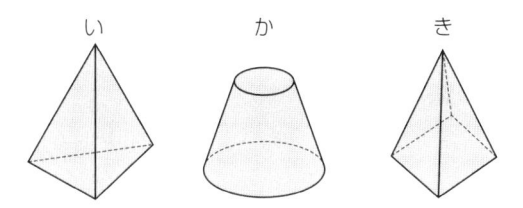

次に，Eさんの発表。

「**平らな面**だけでできています」

該当する立体は，観点を言った子どもとは**別の子に発表してもらう**ことにした。そのほうが，みんなの理解が深まるからである。

「それは，（あ）と，（い）と，（お）と，（き）です」

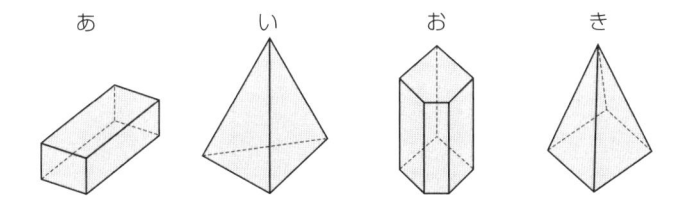

「（う）や，（か）や，（く）にも平らな面があるよ」

「私は，平らな面だけと言ったんです。だから。（う）や（か）や（く）

立体図形の分類（高学年＊立体図形） 187

は入りません」

　こんなやりとりもある。

　そこで，このことにかかわる知識を追加する。

　「今みんなが言っていた『平らな面』というのには，『**平面**』という用語があります。これに対して平らでなく曲がっている面がありますね。（か）の立体の横の面のことだけど，これは『**曲面**』といいますよ」

　こんな風である。

　表の「特ちょう」には，「**平面だけで囲まれた立体**」と記入する。「だけ」に傍点をそえた。

　さらに次は，Mさんの発表。

　ここで，私は逆の発言を求めた。

　つまり，「**立体の記号を先に言ってごらん**」と言ったのだ。「それを聞いて，みんなに『どんな特徴で見たのか』を考えてもらおう」と付け加えた。

　すると，Mさんは「（い）と（う）です」と発表した。

　みんな一瞬，「えっ」とびっくりした。「それだけ？」と質問した子もいる。

　授業者の私も，「なんだこれは…」と少々考えてしまった。

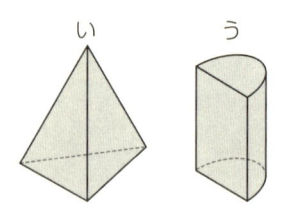

　みんなに聞くことにする。

　わからない子も多いのだが，数人が同じことを考えていたらしい。すぐさま手が挙がる。みんな真剣な顔つきで聞こうとしている。

　H君が答える。「それは，面の数が同じ立体じゃないかと思います」

　「あっ，そうか」みんななるほどといった表情だ。でも別の子も手を挙げる。「ぼくは辺の数が同じ立体だと思った」「それでもいいね」などと次々

に声が上がる。

「曲がった線を『辺』と言っていいの?」という質問もあった。本来は辺とは言わないが,ここでは立体を構成する要素として「へり」の部分を言っていると解釈した。

「面の数」「辺(へり)の数」といった構成要素から立体を観察するのは,非常に基本的なことである。6年生ということでもっと複雑な見方を追究しようとするあまり,最も基本的な立体の見方から離れてしまっていると,こんな発表に驚くことになる。

子どもはとっても純粋な眼で見ているのだ。

表には「**4つの面で囲まれた立体**」と表記された。

発表はさらに続く。

面の数や頂点の数に視点がいったので,これに関連しそうな発表はないかと焦点化してみた。

M君の発表は「(あ)と(い)と(う)と(お)が同じ仲間に見られます」と言った。

これもなんだか難しい気もする。すぐに質問が登場。「それは辺に関係がありますか?」と。M君がうなずくので「それだったら,どれも頂点のところに3本の辺が集まっている立体って言っていいんじゃないですか。僕もそう考えたから」と言う。

M君も「そうです」と答え,みんなも感心することしきりであった。

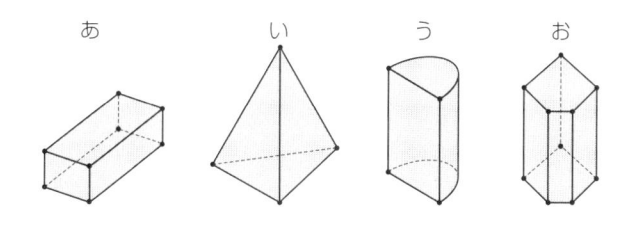

さらに,R君は「(い)と(き)が同じです」と言う。

「それは,最初の錐体だと思います」と意見が出る。

しかし「そう見てもいいけど、僕は違う見方をしました」と反論する。
みんなしばし考えこむ。
「じゃあ、それは、**三角形の面をもっている立体**だ」という見方が登場。
R君は「そうです」と答えた。

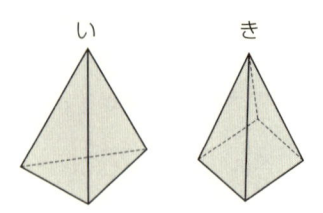

　　　　　　　　い　　　　　き

　これも構成要素の一つだ。立体を面の形という視点で見ていこうとするものである。
　この後も、続々と発表が続き、黒板に貼られた模造紙の表には次々と立体を分類する観点が記入され、それに該当する立体がチェックされていく。
　はじめに質問のあった、「~ではない立体」というものについては、こんなやりとりがあった。
　T君の発表である。
　「**上から見た時に、円に見えない立体**」という発表があった。
　これはどういうことか。
　「(い) の立体にはない特徴を言っている」という反論である。
　指定された立体を見ながら、周りの立体と比較してその観点を考えていると当然このような視点が現れてくる。

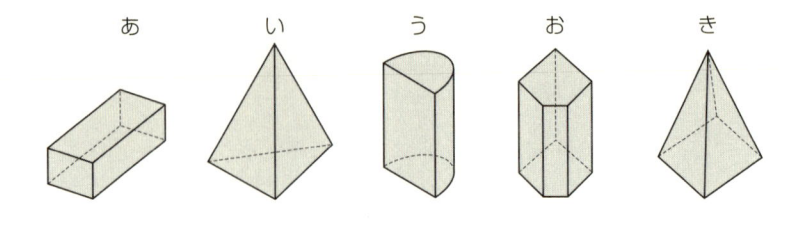

　　あ　　　　い　　　　う　　　　お　　　　き

ここでは，「上から見ると」という視点である。投影図的見方といってもいいものである。この学習の大きな目的は，立体を見る視点を広げようとするものであるから，このような見方もなるべく生かしていけるように助言する。

　結局，みんなも納得し，このような見方で発表してもよいことになった。

　そこで，時間内に発表されたものを表にまとめると次のようになった。

特ちょう	あ	い	う	え	お	か	き	く
〔例〕上の先がとがっている立体		○					○	
平らな面だけで囲まれた立体	○	○			○		○	
4つの面で囲まれた立体		○	○					
三角形の面をもっている立体		○					○	
上に行くほど小さくなる立体		○				○	○	
上から見たとき円には見えない立体	○	○	○		○			
平行な面がない立体		○		○			○	
切り開いても長方形のできない立体		○		○		○		
すべての頂点に3本の辺が集まっている立体	○	○	○		○			
6本の辺がある立体		○	○					
底面に平行に切ったとき底面の縮図になっている立体		○				○	○	
真上から見た形が多角形になっている立体	○	○			○		○	
辺の数が底面の辺の数の2倍になっている立体		○					○	

これらの他にも，発表できなかった見方をノートなどからチェックし，後日，他の子どもたちにも紹介した。

✽✽ 観点の整理

　いろいろな観点から，8個の立体を分類している。このような見方をこれから先，いろいろな立体を見ていく時の視点にしていきたい。

　そこで，これらの見方を整理してやることにした。

　子どもたちの納得を得ながら，次のようにまとまった。

【いろいろな立体の見方】

① 面の形（底面・側面などのそれぞれの形）からの見方

② 頂点・辺・面の数からの見方

③ 正面・真横・真上から見た形（投影図的な見方）からの見方

④ 切り口の形（底面に平行，垂直，斜めの切り口）からの見方

⑤ 展開図の形からの見方

⑥ 頂点・辺・面の数の関係からの見方

⑦ 切り口の形と底面の形との関係からの見方

⑧ 平面の移動した形と見る見方

⑨ 体積・表面積にかかわる見方

⑩ 平面か曲面かの見方

⑪ 柱体か錐体かの見方

⑫ その他（面の角，など）

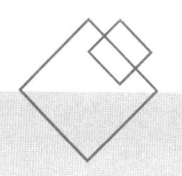

VI-3 図形の感覚を豊かに②
■平面図形の分類

（高学年＊平面図形）

✳︎ 平面図形の考察

分類の問題として，VI-2 では「立体図形」が対象であった。

これが「もしも，平面図形だったら？」という授業を展開するためには，どのような図形で教材をつくればよいか。また，子どもの考えるいろいろな見方にはどのようなものがあるか。それをここでは紹介する。

【平面図形分類の問題】

次の8個の図形を見て，同じ特ちょうをもつ図形の仲間分けをします。

同じ特ちょうをもつ図形を見つけ，その特ちょうも表に書きましょう。

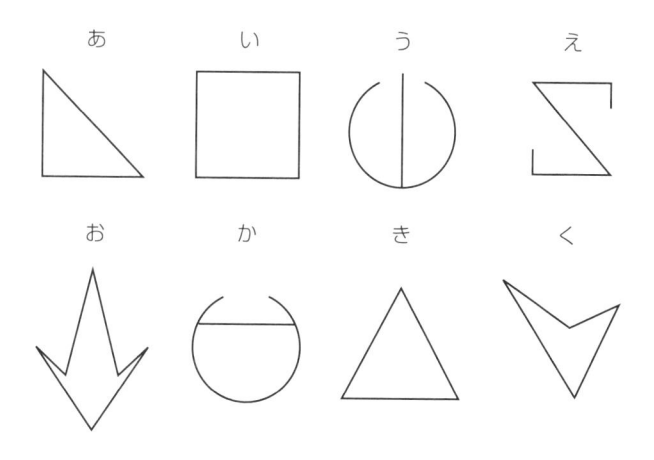

あ　い　う　え

お　か　き　く

平面図形の分類（高学年＊平面図形）　193

特ちょう	あ	い	う	え	お	か	き	く
〔例〕90度の角がある形	○	○		○				

　この問題は，Ⅵ-2の立体の分類と教材の構成は非常によく似ているが，図形が平面であることと，一つの図形を抽出して考えるという方法をとっていないというところが異なる。

　つまり，平面図形について**自由に仲間づくりをする**ということになる。

　この問題に挑戦するまでに学んだことを総合的に整理することと，さらに自由な眼で仲間分けの観点を考えていくところに面白さ，発展性がある。

　この問題の図形の中に，（う）や，（え）や（か）のような図が入れてあるのは，「開いた図形」に関心が向くことを想定している。

　また，（お）や（く）の図形が入っているのは，図形の凹凸を意識してのことである。

　このような観点は，あえて小学校では顕在化して扱われないが，こうした視点から図形を見ていく見方は，大切なことであると考えての教材設定である。

✲✲ 期待される見方

　この問題を授業で扱う時には，教師は事前に予想される平面図形の見方を考えておく必要がある。ここでは次のような分類の観点を考えてみた。

① 角の大きさによる分類
② 角の数による分類
③ 辺の長さによる分類
④ 辺の数による分類
⑤ 図形の凹凸による分類
⑥ 閉じているか，開いているかによる分類

⑦ 辺の曲線か直線かによる分類
⑧ 平行な辺をもつかどうかによる分類
⑨ 正多角形かそうでないかによる分類
⑩ 一筆書きが可能かどうかによる分類
⑪ 面積が求められるかどうかによる分類
⑫ 対称性による分類
⑬ その他

授業に取り組む前に，あらかじめこのようなことを考えておけば，子どもの様々な発表に対応することができるはずである。

子どもが発表した実際の観点

学習指導要領の5年生の内容に「**基本的な平面図形**」の扱いが掲載されている。面白い授業の組み立てが意外に難しいところである。

5年C-（1）には，「図形についての観察や構成などの活動を通して，基本的な平面図形についての理解を一層深めるとともに，図形の構成要素及びそれらの位置関係に着目して考察できるようにする」とある。

そして，その「ウ」には「基本的な図形の簡単な性質を見いだし，それを用いて図形を調べたり構成したりすること」となっている。

ここでの問題は，このことにかかわることとして扱う。

例えば「へこんだところのある形は？」と言ったら，（お）と（か）が挙げられた。

しかし，別の子どもから右の図のように，「へっこんだ」という所はここだという指示があった。

図形の凹凸の見分け方については，

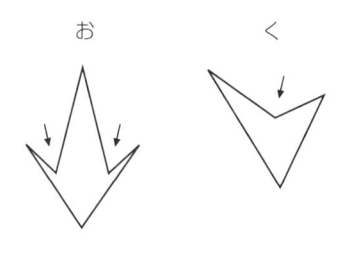

シリーズ②の『算数楽しく　ハンズオン・マス』のⅡ-4②（p.117-118）を参照されたい。

また，「**一筆書きができる形**」という観点が出された。「一筆書きができるかできないか」の判断については，図の頂点のところに集まる線の数による。奇数本になっている点がいくつあるかが問題となる。

これについても，子どもと一緒に1時間の授業が展開できるが，次の6個の図形が一筆書き可能である。

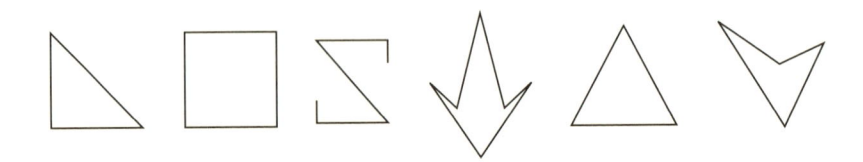

実際の授業では，この問題で子どもが発表したものは次のようなものであった。

特ちょう	あ	い	う	え	お	か	き	く
90度の角がある形	○	○		○				
三角形	○						○	
四角形		○						○
曲線がある形			○		○			
へこんだところがある形					○			○
囲まれたところがない形			○	○				
一筆書きでできる形	○	○		○		○	○	
面積が求められる形		○	○		○	○	○	
正多角形		○						
2つに折るとぴったり重なる形	○		○		○		○	

さんすうコラム ⑤

点をつなぐ

◆4つの点の結び方

全く単純な問題。

図のように，正方形の頂点部分に点がある。点は4つである。この点と点をつなぐ直線をいろいろ考えてみたい。

ジオボード（さんすうコラム①参照）に釘が4本だけあるものを作って，それに輪ゴムを引っかけるというイメージでもよい。

このような問題では，条件がはっきりしないので，まずはそれを明確にする。

点と点をつなぐ直線は，何本なのか。1本の場合もあるし，2本でもよい。

適当に試行錯誤しながら考えてもよいのだが，全てを描き上げたかどうかが判然としないので，やはりきまりを定めて描くことが肝要。

そう考えると，本数について「場合分け」をして考えていくということが大切な考え方であることがわかる。

すると，数学的にいえば，0本の場合も考えてよい。最低0本から最大6本の場合まで考えられる。

また，1本引いた直線は，回転したり，裏返したりして同じと見られるものはどうするのかという問題もある。ここでは，これらの「対称形」は，同じものとする。

◆実行

では，順にやってみよう。

まずは，0本の場合。

次は，1本の場合。2種類もできる。

次は，2本の場合。
なんと，たった2本なのに，4種類もできる。つながる2本もあるし，交差する2本もあるし，離れた2本もある。

さて，今度は3本の直線。5種類もある。

4本の場合はどうか。今度はやや減って，4種類だ。

5本では，また減って2種類になった。

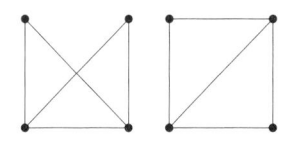

6本では全部に引くので，当然1種類だけであることがわかる。

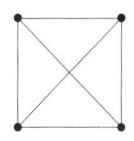

◆見方を変える

ここで，出来上がったものをよく見てみる。

{0本}　{1本}　{2本}　{3本}　{4本}　{5本}　{6本}

すると，面白い発見がある。
{0本と6本}{1本と5本}{2本と4本}{3本} という組にして見ることができる。

つまり，2つを組にして見直すと，一方に引かれた線と，他方はそこに引かなかったところに線が引かれていることがわかる。つまり，この組を合体させれば6本全部の線となっているということである。

{3本}の場合は，その中に相手になるものがあると見たらよい。そして，さらに，そのうちの一つだけは，自分自身が相手であるということがわかる（前ページの図の{3本}の上から3番目のものがそれである）。

◆整理してみると

この単純な問題を考える活動の中には，いくつかの数学的な活動が潜んでいる。条件をしっかりふまえて「**場合分け**」をして考え，今度は「**見方を変えて**」きまりを発見し，「**整理してみる**」ことで，全ての構造がわかってくるという活動である。

そして，この問題を「**発展的に考える**」ということができる。例えば点が「正方形の頂点」にあったというところを変えて，点が「正五角形の頂点」にある場合を考えてみようということになる。

VII

数値化の問題

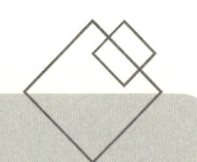

VII-1 ゲームを使ったオープンエンド①
■「小数」の導入

（中学年＊小数）

✻ 「小数」の意味を学習する

　この授業は，もっとも基本的な内容の一つを扱ったものである。

　「小数」の学習の導入であり，2005年の10月，広島県福山市の鞆小学校の4年生とともに授業を行った。

　基本的な内容であるから，新しい知識を伝えるという要素が強いのではあるが，そのような中でも子どもの感性に培いながら，多様な考えをとり入れて，できるだけオープンエンド・アプローチの精神で授業を展開したいと考えて実践した。

　子どもたちと授業をするときの「小数の意味」とは何であろうか。

　『小学校学習指導要領解説 算数編』（1999年，文部省）には次のように解説されている。

　「小数が必要とされるのは，測定と関連している場合が多いので，端数部分の量の表現に関連して導入することが考えられる。

　小数は，これまでの整数の十進位取り記数法の考えを1より小さい数に拡張して用いるところに特徴がある。整数の場合は，単位の大きさが10集まると次の単位となって表される仕組みであったが，小数の場合は，逆に，単位の大きさを10等分して新たな単位（0.1）を作り，その単位の幾つ分かで大きさを表している」（p.113）

　端数部分を表すには，分数もあるが，小数は十進構造をもっているので「計算」が整数と同じようにできるということが特徴である。

✱✱ 導入授業の工夫

　この授業では，子どもたちに**ゲーム**をさせて，その結果を教材として使って授業したいと考えた。子どもにとって身近な素材となるだろうと考えてのことである。

　次ページのように10×10のマス目をもつカードを使ってゲームをする。

　ジャンケンをして，両サイドからマス目を塗りつぶしていくのである。はじめは１回勝つと１列を塗りつぶせるが，３勝目以降は１マスずつを塗りつぶしていくルールにする。

　そのゲームの結果を表現する。

　そのことによって，自分でつくった状況を問題にすることができる。しかも，そこに端数部分が登場するはずなので，子どもが授業の中でそれをどのように表現するか見ていくことができる。

　また，何度かゲームを繰り返すことによって結果を加えていけば，計算がしやすいという**十進位取り記数法のよさ**を感じることもできるだろう。

　こう考えて，飛び込み授業をすることになった。実際に，この学校へ出向くと，少人数学級で１クラスが20人強というので，学校の配慮から，２クラス一緒に体育館での授業ということになった。

　私は，「小数の意味とその表し方について理解するとともに，小数の加法及び減法の意味について理解し，それらを用いることができるようにする」という文言で，この単元の目標を設定した。学習指導要領の第４学年の「２－Ａ－⑷」をそのまま使ったのである。

> 　教科書の指導書のようなものから「目標」を引用して指導案に書いている授業者が多いが，このようなときに学習指導要領を大いに活用すべきである。指導の指針としての原点にあたるのが大切である。

　そして，小数の導入１時間目である本時間の目標を「端数部分の大きさ

を表すのに小数を用いることを知ること」とした。

✳︎ 授業の実際

10×10の方眼を盤面とするジャンケンゲームのルールを説明する。

まずは，黒板に**モデル**として拡大したマス目の盤を貼り付けて説明する。説明は具体的であるほどよくわかるので，前の方の子どもをモデルのマス目の前に呼びよせ，実演させて見せることにした。

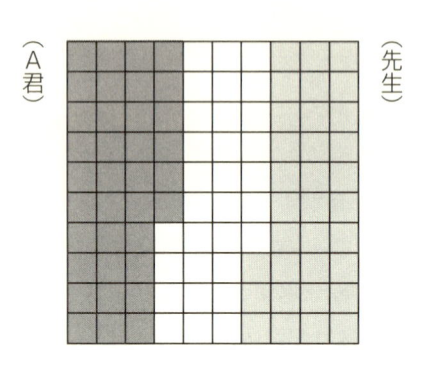

「先生とA君が，ジャンケンをします。勝ったら，この盤の1列に色を塗るのです」

こう言って，A君とジャンケンをする。

私が勝った。見本を見せるのに都合がいい。早速，縦1列に色を塗る。

そして，黒板にルールの一つめを板書する。

「勝ったら，1列だけ塗る」

すると，すかさずA君が「それなら，『1行』と書いたほうがいいよ」と言う。なるほど，国語の時間には縦書きなので，これは「1行」のほうがいいかもしれないので，ここではあえてそう呼ぶことにした。

板書を「勝ったら，1行だけ塗る」と書き換える。

さて，ジャンケンを続け，勝ったり負けたりしているうち，互いに3行ずつになった。

そこで，新たなルールを加える。
「だんだん，盤に塗るところが少なくなってきたので，1行塗るのは，ここまで。ここからはマス目1つだけにしよう」
そしてまた，ジャンケンをして，今度はA君が勝ち，1マスを塗る。
黒板には，**ルール**が次のようにつけ加わる。

> ・勝ったら，1行だけ塗る（各自3勝目まで）。
> ・4勝目からは，マス目1個ずつ。
> ・時間がきたら「やめ」。
> ・行数，マス目の多いほうが勝ち。

ゲーム開始

さあ，これでやり方はわかった。
2人に1枚ずつ，方眼が印刷された用紙を配付。
「3分間勝負です」と言って，ゲーム開始である。
わいわい言いながら，楽しそうにやっている。
3分という，わずかな時間なので，あっという間にゲーム終了。
「わーっ。勝った！」「ふーっ」といった声が響く。
すぐさま，「今の自分の結果を，用紙に記入しなさい」と言う。

小数の必要性

いよいよゲームの結果を，聞くことにする。この材料で授業を進めていくのである。
材料は，十分に揃っている。
子どもたちそれぞれが，異なる状態の用紙を手にして学習することになる。ここに，**オープンエンド・アプローチの精神**を生かす学びの場がある。
私は，素早くゲームの結果を見て回って，早速後ろの方に座っていた一

組の結果を披露することにした。

BさんとCさんのゲーム結果である。

「この2人は同点だったのです。黒板に書いてもらいます」

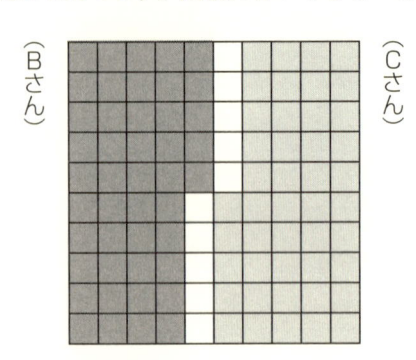

（Bさん）　（Cさん）

こう言って，結果を板書してもらった。

「4行と5マス」

こう書かれている。

「これは，どういう状況だったかわかるかな？」と聞くと，早速手が挙がった。

「2人とも，9回勝ったことがわかります」と言う。

「どうして，そうだとわかるの？」と聞くと，「4＋5だからです」と式で，勝った回数を表現してくれた。「4行で4回，5マスで5回だから」と説明も加えた。

さて，これを使って，次の問いを発した。

「これを，もっと短く言うことはできないかな？」

すると，「4行半」という反応があった。

すかさず「いいねえ，短くなったよ。しかも，『行』という言葉だけで言っている。簡単でいいねえ」とほめた。

それから，少し目を転じて，**別の角度から追究**することにした。

「別のチームの様子を見ましょう」

もう一つの，チームの発表を見た。

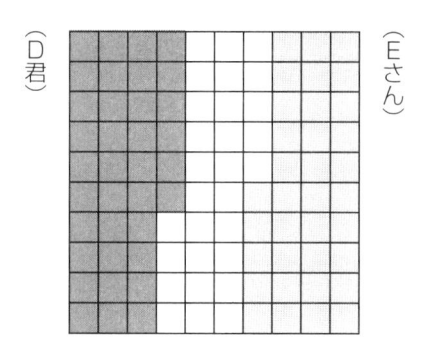

（D君）　グリッドの左側、縦10行×横のうち左側の列が塗られている図
（Eさん）　

「これは，2人に結果を書いてもらいます」

2人はそれぞれ，結果を書く。

これまた使える素材である。

「みなさん，D君の結果を見て，これを簡単に言う方法はないかな？」ともちかけた。

> （D君）　「3行6マス」
> （Eさん）　「3行5マス」

「さっきは，『半』という言葉を使って簡単に言ったね」とも付け加えた。

今度もいいアイディアがあった。

「『36マス』って言えばいい」

なるほど，下位の単位を使えば簡単だ。

そこで，これも「いいねえ，下の単位を使って言っている。『マス』というのは，10になると『1行』になるものですね」と解説した。

そこで「では，これを上の単位で言うことはどうかな？」と投げかける。

しんとしている。実に素直だ。

これは，考えてもわかることではない。ここは教えるところである。

　概念については，体験的に納得しながら理解していくものだが，用語・記号などについては，説明を聞いて理解し，約束をしていくものである。

「小数」の導入（中学年＊小数）

「下の単位でいうと,『36マス』と言いました。これを上の単位で言うこともできます。

『行』という単位を使って言います。

3行と,あと3行にならない分の6をくっつけて,『3.6行』と書きます。

この6は,1行より1つ下の位に置いたということです。『さんてんろく』と読みます。

そして,この点は『小数点』と言います」

こういった説明をした。

日常,買い物場面で使われる金額で,「35000円」を,「3万5千円」と表記したり,「3.5万円」と表記したりするときに,一の位を単位につけて表現することがあることを例示すると,もっと分かりやすい。

まずは,このように説明し,わかったかどうかは,異なる自分のデータを使って表記してみればいい。

✸ それぞれの結果を表記して

「さあ,こんな書き方で自分の記録を書き換えてみましょう」

子どもたちは,それぞれに記録を書き換えはじめる。

黒板の,2人の記録も書き換えられる。

ここで,この記録の差を聞くことにした。

「この2人の勝負は惜しかったね。どのくらいちがっていましたか?」

(D君)	「3.6行」
(Eさん)	「3.5行」

静かである。

問いを変える。

「何マス分,ちがっていましたか?」

すぐに答えがある。

「『1マス』です」

「そうですね。それを『行』の単位で言うこともできますよ。1行もない

ので，そこには0を書いて『0.1行』と書くことになります」

みんな真剣に聞いている。

そこで，教室内のある一列について，その勝負の結果を聞き，その差をみんなで考えてみることにした。

「この席の勝負は？」

「4.7行と，3.2行でした」

「差は，何行かな？」

「1.5行です」

暗算で考えている。計算として考えているのではなく，頭の中にさっきのゲームの**イメージができている**からこそ，簡単に答えられるのである。

「次の席は？」

「2.9行と，3行です」

「みなさん，差は？」

「0.1行です」

こんな調子で，座席一列全部の結果を聞くことができた。

✳︎ 授業後に

この授業では，別の盤を用意して，ゲームをもう一度繰り返し，2度の結果を総合した和を表記させようと考えていた。

しかし，時間がなくなったことと，2人の結果の差を考えることを授業内にとり込んだので予定のところまでは進まなかったが，十分にそこでの目標は達成できたと考えた。

当初の予定では，ゲームの結果を合計して表記し，十進位取り記数法の仕組みのよさを感得させることを考え，できれば，それを式にまで表記することも考えていた。

例えば，「2.8+3.4=6.2」のような式である。

このように連続的に扱うことができれば，わざわざ「小数の計算」という小単元を設定しなくてもすむことになろう。これも一つの方法だ。

2.8　　　　　　　　　3.4

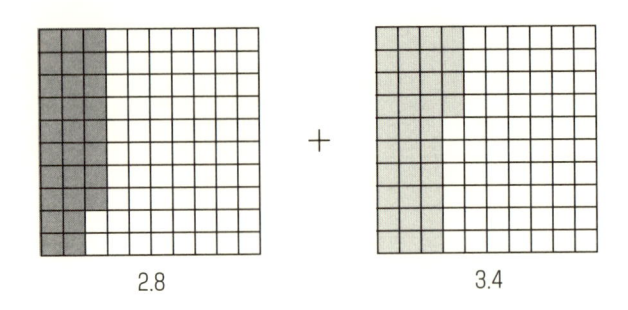

　この授業は,「小数の概念」という基本の内容の理解を目標とするものである。ゲームという手段によって,一人一人に違う状況をつくりつつ,それを素材にして展開するものであった。子どもの手元にある素材がオープンエンドであるといってよいのではないかと考える。
　つまり,隣の結果を見て真似をしても役に立たない状況なのである。自分の結果をどう表現するかという問題に直面しながら,みんなで考えていくという授業である。

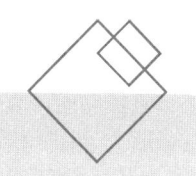

VII-2 ゲームを使ったオープンエンド②

■ブロックの散らばり

（高学年＊比べ方）

❋❋ ブロックをまき散らすゲーム

1センチ角の小さな立方体ブロックを5個持つ。

これを画用紙の上に投げる。

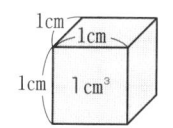

すると，このブロックは画用紙の上に散らばる。

ブロックは角張っているので，画用紙の中から飛び出すほどではない。

さて，ここでのゲームは，この散らばったブロックの，散らばり具合を競うというものである。

「散らばり具合の大きいほうが勝ち」ということにする。

これは，平面における「**散らばり具合を数値化する方法**」をいろいろ考える問題の場の設定である。
　学級全員の「ボール投げの記録」とか「身長や体重の測定結果」などの度数分布を柱状グラフ（ヒストグラム）に表すようなものは，どれも一次元の散らばり具合を表現する方法である。
　本時の学習場面は，それを二次元に広げてみたものなのである。

　いざ授業をやってみると，子どもそれぞれに様々なブロックの散らばり方が登場した。
　ひとまず，画用紙の上の5個のブロックの位置にマークシールを貼った。これで，それぞれのブロックの位置が固定された。
　これを見ながら，誰のものが一番散らばっているかを決めなければならない。そこで，散らばり具合をどのように決めたらよいか，その決め方を考えることから始める。

✳ モデルの図で考える

　40人のものを一気に見ながら考えることはできないので，こちらから，モデルの図を3枚見せて，この場合で散らばり具合の「はかり方」を考えることにした。

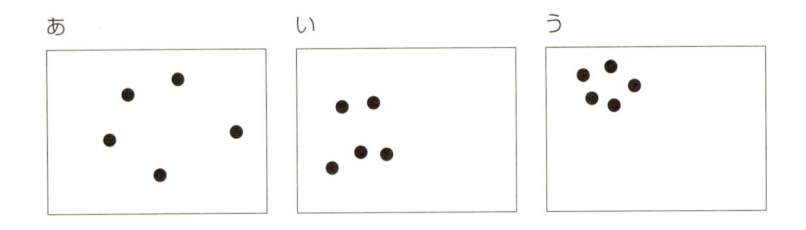

あ　　　　　　　　　い　　　　　　　　　う

「まずは，先生が持ってきた図を使って，順位の決め方について考えてみましょう」

こう言って，図を黒板に貼る。

「この場合だったら，どんな順位になるかな。散らばり方が大きいといえる順はどうなるでしょうか？」

すぐに何人もの口から「(あ)，(い)，(う) の順です」と言う声が飛ぶ。

みんなも「そうだ」と言う。

この場合は，もう見た目でわかるのである。

そこで「それは，見た目で言っているのであって，方法としてはあいまいですね。もっとはっきり，(い) より (あ) のほうが散らばっているとか，(う) より (い) のほうが散らばっているといえるようにしたいのですが，どうしたらいいのでしょうか？」

しばらく考えると，それまでの学習内容を駆使して様々な方法が提案される。

その提案にみんなもいろいろな意見を言う。

そのやりとりの中に**数学的な価値**をたくさん見いだすことができる。また，授業の中での**コミュニケーション能力**を高めることも可能だ。

「では，何人かの考えを聞いてみましょう。質問や意見があったら言ってください」

✳✱ 「面積」の視点からの発想

（A君の考え）

「ぼくは，散らばったブロックを直線で結んで，その中の**面積**が大きいか小さいかで比べる方法を考えました」

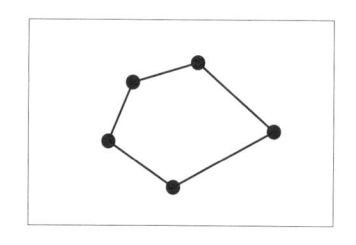

これに対して，早速意見が出る。
「もし，このようにブロックが直線に並んでしまったらどうするんですか？」
　黒板に，図を描く。

　これは，ブロックを取り囲んだ中の面積を考える方法に対する「反例」といえるものである。
　A君も反発する。
「その場合は，面積が0になってしまうけど，でも，真ん中へんの点から，端(はし)までどのくらいあるかを調べればいいんじゃないですか」
「長さは，面積とは関係がないよ」
「それじゃあ，面積じゃなくて，長さで調べるということになっちゃうよ」
　こんなやりとりである。
　もっと，意見が出る。
「別の質問ですが，例えば，(い)のような場合にはどうするんですか。
　(い)の場合には，いろいろに線が結べて囲み方によって，面積が違ってきます。外側を囲むと中に点が入ってしまう時もあります」

「そうです。同じ散らばり方なのに，面積が違うのはおかしいよ」

「そういう**欠点**もありそうですね。今，2つの欠点が出たけれども，その欠点に気付いたのは素晴らしいと思います。

そして，『面積』を使って散らばり具合を調べていこうとする方法は，見た目で比べるのと違って，きちんと数値で表せて，とってもいい方法にはちがいありません。決め方の一つとなります」

> 欠点をもちながらも，数値化の一つの方法として受け入れられるということをきちんと価値付けてやることは必要である。

✳✴ 「長さ」の視点からの発想

次の方法である。
（Bさんの考え）

「ブロックとブロックを全部結んで，その線の『**長さの合計**』を出して，それを散らばり方の数にします」

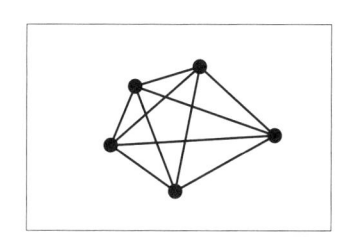

「それだと，(い)の場合は結べないんじゃないの？」
「結べるよ」
「さっき(い)を面積で考えた時のように結べばいいよ」

「面積の時に考えたように，ブロックが直線状（p.214）になったらどうするの。端から端までということになっちゃうね」

「それでもブロックの点と点を結んだつもりで，全部の長さを測ればいいのでは」

こんな質問が出た。この2人のやりとりがなかなかわかりにくいので，図解で示すことにした。

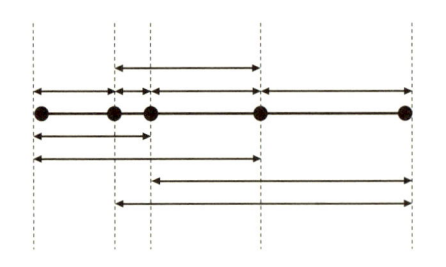

「点と点を結ぶ線の合計というと，直線の場合には，端から端までじゃなくて，見えないけれども重なっていると考えて，その重なっている部分もたしていくということを言っているんだね。ちょっとわかりづらいかもしれないが，どんな場合も他の形になっているようなものと同じにやろうという考えだ。『長さ』を使っての方法でした」

> 子ども同士の話し合いの行きづまりには，教師が大いに参加すべきであろう。

さらにこの方法に関連して意見が出る。

「ぼくは，合計じゃなくて『**平均**』で調べました」

「よくわかりません。もう少しくわしく説明してください」

「合計だと，いろいろ，線の本数が違ってきたりして，問題も出てくると思ったから，それを平均すれば，同じ条件になると思って出したのです。合計の本数で割るのです」

「（あ）と（う）は，形が似ているから，引いた線の数も同じになっています」

「でも，（い）だって結んだ線の数は10本で同じだよ」

よいところに気付いた。5点を結ぶ線の数は，点の位置にかかわらず同じだという見方が登場した。派生した一つの発見である。

この子は，点を結ぶ線の数が違うなら平均して，本数に対する割合として考えようとしていたのだ。その考えはよいが，この場合はブロックの点がどのように散らばろうとも，点を結ぶ線の数は変わらないので「合計」でも「平均」でも同じことになったというわけである。

❋❋「中心からの距離」という視点からの発想

「では，また別の方法を聞きましょう」

（Cさんの考え）

「この5個の点の中で，中心を決めます。どこでもいいってことはないのだけれど，それを平均的に決めて，そこから四方八方にどれだけ散らばっているかを調べると，この散らばり具合がわかると思います」

「中心を平均的に決めるっていうところがわかりません」
なかなか厳しい指摘である。
これにかかわるような考えをもっていた子をあらかじめ見つけておいたので，その子の例を意図的に紹介する。
「この考えとはちょっと違うけれども，Mさんは，この画用紙の中心を対角線で決めて，**その中心から点までの長さの合計**で調べていますよ」

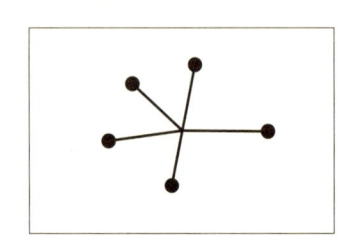

「平均的な中心というより，画用紙の長方形の中心といったほうがいいと思います。中心が適当でなくてはっきりしています」
「でも，はじめの（う）の点のように，長方形の中心から離れていても固まっているものもありますよ。それだと数値が大きくなっちゃうよ」
「そうだね。それは一つの欠点かもしれないね」

✻ 「方眼」の視点からの発想

「他にも考えがあるようですので，聞いてみましょう」
（Dさんの考え）
「私は，長方形をこのように9つに分けて，ブロックが入った**マスの数**を分数で表しました。この場合は，$\frac{4}{9}$ となりました」

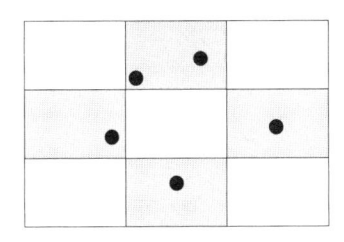

このアイディアについて確認する。

「それで,分数の大きいほうがいいということですね」

これを聞いていた子どもの中から,早速反論が登場する。

「同じ $\frac{1}{9}$ でもね,このように固まっていても $\frac{1}{9}$ だし,もっと散らばっていても $\frac{1}{9}$ になってしまうから,まずいと思います」

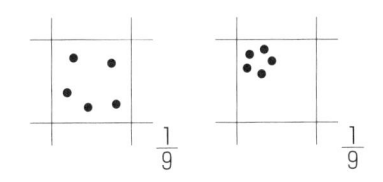

「そういう時は,もっと細かくすればいいんじゃないですか」

「それもあるけれど,まずいことは同じだと思うな」

「別の欠点もあります。同じ $\frac{4}{9}$ でも,真ん中に固まった $\frac{4}{9}$ と,端に散らばった $\frac{4}{9}$ もあります」

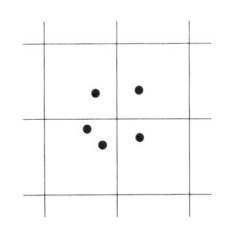

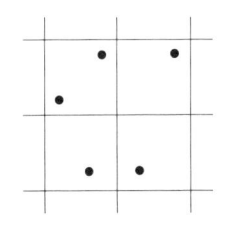

ブロックの散らばり(高学年＊比べ方)

「あっ，そういう欠点もあったんだな」

たくさんの欠点が指摘されると，他の子どもたちからも納得する声が出てくる。

「同じ散らばりでも，$\frac{4}{9}$ になる場合と，$\frac{1}{9}$ になる場合も出てきてしまいます」

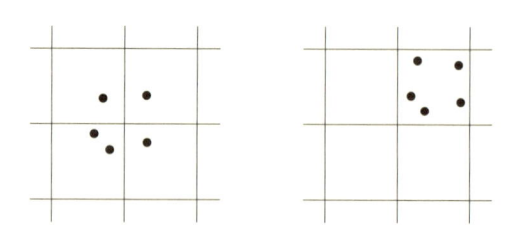

「逆に，同じかたまりでもマスをまたがった時と，マスの中に入った時とでは違ってきますね」

この指摘はなかなか面白いので，反例の一つとして認めてやることができる。

まだまだ他にもいろいろな方法が考え出されたが，それぞれがプリントに記入していた考えを分析すると222ページのようになった。

✱✱ 数値化の実際

最後に，一つの方法で実際の各自のブロックの散らばりのデータを数値化してみることにした。

子どもたちがやってみたいという方法は，「**直線で囲んだ多角形の面積**」で比べるというものであった。もちろん，これにも欠点があることは承知のうえのことである。

実際には，画用紙の上に貼られたマークシールを頂点にして五角形を作り，その中を3つの三角形に分けて，三角形の面積をそれぞれ求めて合計するというものである。

図のようにして，自ら作った五角形の中の三角形の底辺と高さを測り，

面積を計算するという作業である。

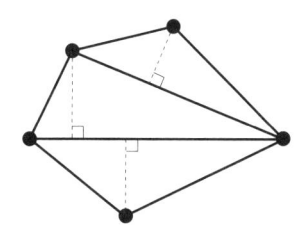

　わいわい言いながら，計算ができると，黒板に書かれた座席表の中に自分の面積の数値を書き込んでいく。

　やがて，クラスの中で最も大きい五角形になった子がはっきりしてきて，拍手がわきおこる。

> 　たくさんの方法が考えられたが，その中で一つを選択して実際にやってみると，そこにまた，よさや欠点が実感として浮かび上がり，より深い体験的な学びができることになる。

【子どもたちが考えた散らばり方を数値化する方法】

① 点と点を直線で結んでできる多角形の面積で比べる方法。（27名）

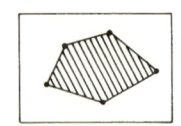

② 点と点を直線で結んでできる多角形のまわりの長さで比べる方法。（13名）

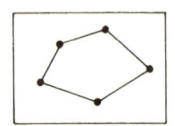

③ 2つの点を直線で結んでできる線のうち，一番長いものの長さで比べる方法。（1名）

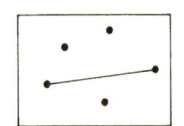

④ 全部の点を直線で結んだ時の線の長さの合計で比べる方法，または，その合計を平均して比べる方法。（7名）

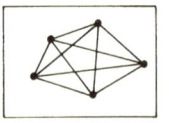

⑤ ある点から，すべての点までの長さの合計か，その平均で比べる方法。（13名）
　（ア）長方形の中心から　（イ）多角形のおよその中心から
　（ウ）一つの決めた中心から

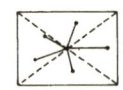

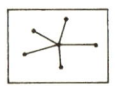

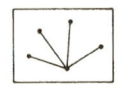

⑥ 全部の点をおおう，一番小さい円の大きさで比べる方法。（6名）

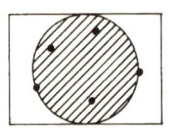

⑦ 全部の点をおおう，一番小さい正方形の大きさ
で比べる方法。（5名）

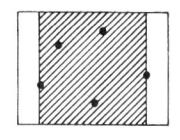

⑧ はじめに方眼をおいて，点の入った方眼の数で
比べる方法。（6名）

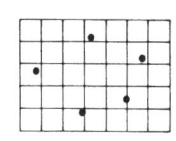

⑨ はじめにある場所を決めておいて，その中に入
った数で比べる方法。（1名）

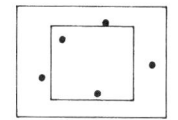

⑩ 縦，横の軸に番号をつけておいて，その番号で
点の場所を決めて，縦と横で調べる方法。

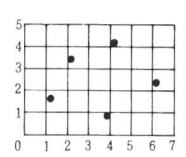

⑪ 各点から，ある大きさ（半径）の円を描き，その
円の重なった部分の面積で比べる方法。（1名）

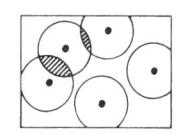

⑫ 方眼を作って，その中に多角形を作り，その中
に含まれた方眼の数(面積)で比べる方法。（4名）

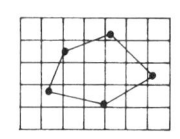

⑬ ある点から他の点を結んだ線と線の角の広がり
で比べる方法。（1名）

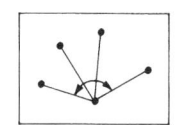

ブロックの散らばり（高学年＊比べ方）

Ⅶ-3 賞品の分け方
■メロンをどう分けるか
（高学年＊分類）

✳ 10個のメロンが

黒板に画用紙で作ったメロンの**絵カード**を貼り付ける。

図のようにピラミッド状態だ。ちょうど10個あるので都合がよい。上から {1，2，3，4} の順である。

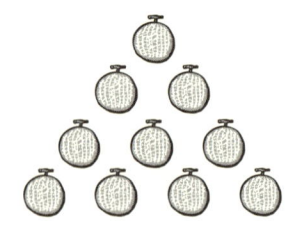

これを見て，子どもたちはどんな問題が登場するのだろうと興味津々である。

そこで「これは，ゲームの賞品なのです」と言う。

早速，「先生，それはどんなゲームなの？」と質問がある。

「ゲームは，**ご想像におまかせします**」とだけ答える。

ただ，「このゲームはチーム対抗戦で，その結果は次のとおりになりました」と言って，あらかじめ画用紙に書いてあった次の得点表を黒板に貼り付ける。

Aチーム	Bチーム	Cチーム
45点	27点	18点

この得点表を見て，問題を聞く。

「さて，これからが問題。

『もしも，あなたが審査委員長だとしたら，この10個のメロンの賞品をどのようにしますか？』

という問題です。さあ，考えてごらんなさい。きっといろいろなアイディアが浮かぶのではないかな？」

こう言って，黒板に「もしも，あなたが審査委員長だとしたら……」とだけ書く。

子どもたちは，早速自分が審査委員長になった気分になる。

しばし考えた後，いろいろなアイディアが登場する。

✲✲ メロンの分け方いろいろ

点数の数値と，10個のメロン，しかも上から $\{1, 2, 3, 4\}$ と並んでいるところが，アイディアの出所と結びつく。

さて，発表である。

（A君）「45，27，18とも9の倍数です。だから，9点に1個ずつあげます。これだと，ちょうど10個全部を点数ごとに分けられます」

これは，メロン1個分の点数を考える方法である。

黒板には，次のような式が書かれた。

$$45 \div 9 = 5 \cdots\cdots A$$
$$27 \div 9 = 3 \cdots\cdots B$$
$$18 \div 9 = 2 \cdots\cdots C$$

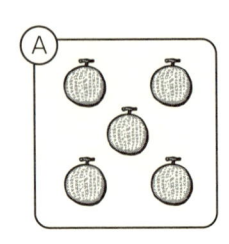

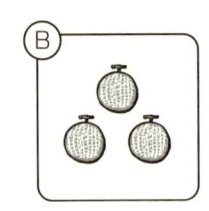

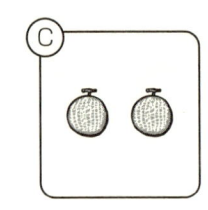

(Bさん)「今の発表とは逆に，1点分のメロンの量を考えます。

$$10 \div (45 + 27 + 18) = \frac{1}{9}$$

これで，1点分のメロンは，$\frac{1}{9}$個ということになります。
そして，これをもとに計算します」

$$A \quad \frac{1}{9} \times 45 = \frac{45}{9} = 5 \text{（個）}$$

$$B \quad \frac{1}{9} \times 27 = \frac{27}{9} = 3 \text{（個）}$$

$$C \quad \frac{1}{9} \times 18 = \frac{18}{9} = 2 \text{（個）}$$

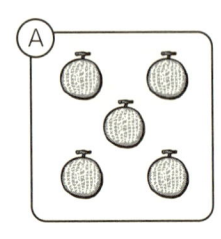

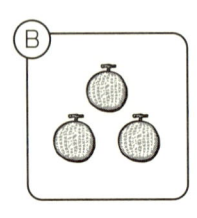

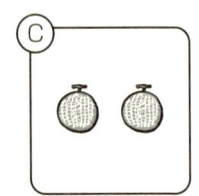

　これは，まさしく**比例配分の考え方**そのものとなっている。新たにその学習はしていないものの，その素地となる発想をもち合わせていることがわかる。

(C君)「ちょっと変かもしれませんが，僕だったら，一番のチームに全部あげます。

　　　Aは10個，Bは0個，Cは0個
となります」

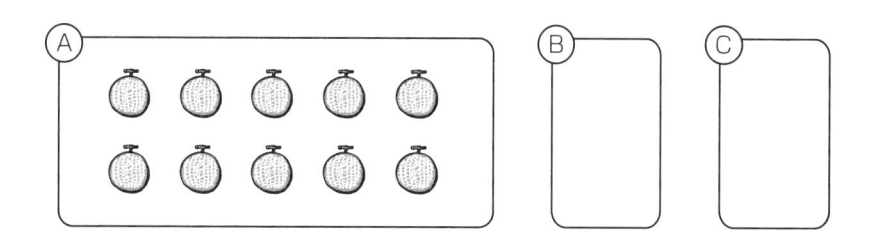

これは，優勝チームに全て与える方法で，Aの総取りである。これも，約束してしまえば一つの方法として成り立つといってよい。

だが，他の子から「それじゃあ，2位や3位のチームは点数を取ったのに何にももらえないことになるよ」と，その欠点を指摘された。

C君は「勝負だから，順位ではなくて勝ちか負けかと考えればいいんじゃないかな」と反論をした。この方法は一長一短があるものの，**それなりに使える方法**でもありそうだ。

(Dさん)「A，B，Cのチームの得た点数が2桁なので，十の位に目を付けました。この十の位の数だけメロンを渡します。だから，

　　　Aには，4個。Bには2個。そしてCには，1個
です。3個余りますが，そのままにします」

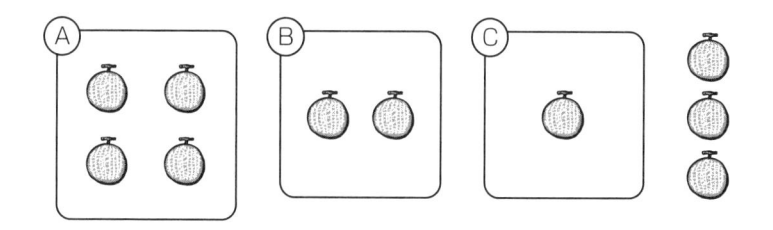

なかなか面白い方法で，全部を配りきらないというところが他と違った発想である。

十の位だけに目を付けるというのは，**端数切り捨ての方法**であり，一つの算数的考え方ともなる。

もっと愉快な方法も登場する。

(E君)「そのメロンをジュースに変えてしまいます。そして点数に合うように分けます。

　　　Aには，$\frac{45}{90}$を，Bには，$\frac{27}{90}$を，Cには，$\frac{18}{90}$を，配ります」

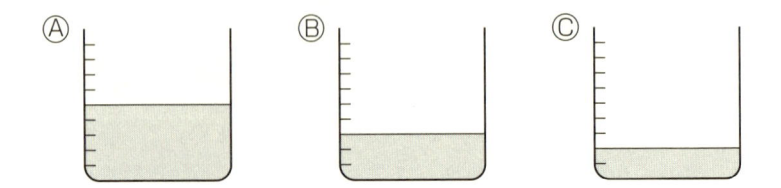

この方法は，**不連続量を連続量に変えて考えようとする**ものである。端数がなくなる考え方ともなる。

(Fさん)「私は，この積んであるメロンを順番に取っていく方法を考えました。

上から，順番に順位の低いほうから取ります。メロンが上から下へ段々と増えているので，順位の高いほうのチームはたくさんもらえます」

どうやって，取っていったらよいか，具体的に説明するように言うと，次の図のように描いた。

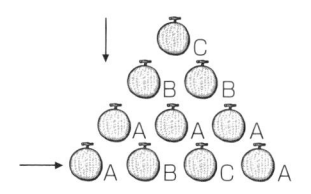

「4段目はどうするのか」という質問が出て,「4段目は,今度はAチームから順に1個ずつ取っていく」という方法が示された。

その結果は,

　　　Aが5個,Bが3個,Cが2個

ということになる。

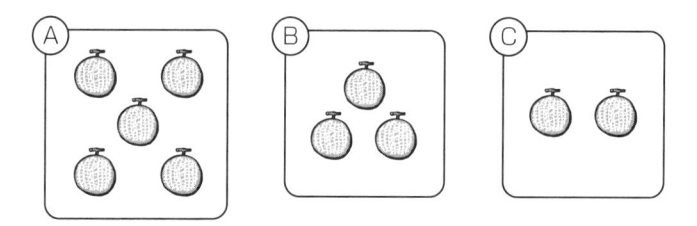

このような考え方で配る方法は,他にもいろいろ考えられる。

例えば,順位どおりに,三角形状態のまわりから取っていくもの。また,Vの逆字のように取っていくなど,いろいろ考えられる。

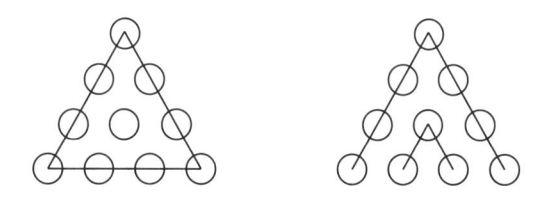

このような考え方は,一般の生活場面の中では,**選挙の「比例代表制」**などに関連するものである。子どもの見方が変わっていくことになろう。

このオープンエンド・アプローチは,**「数値化の問題」**の典型でもある。

メロンをどう分けるか（高学年＊分類）

さんすうコラム ⑥

知恵の板〜正方形からの変身〜

　仙台にある「聖ドミニコ学院小学校」の吉澤竜一郎先生の授業を拝見した。子どもたちが生き生きと活動していた。そこで使われていた「知恵の板」が面白かった。

　正方形を右のように10枚に切り分けたもので、長方形が2枚、その半分の正方形が2枚、そのまた半分の直角二等辺三角形が6枚であった。

　これを使って、「いろいろな大きさの直角二等辺三角形を作る」という問題だった。いい問題である。それに、枚数を順序よく考えて作るという条件が加えられた。

　子どもたちの活動を見て、私も夢中になった。私が困っていた枚数の並べ方を子どもはあっけなく作ってしまった。きっと、図形の感覚が豊かなのだろうと感じた。

　以下、1枚から10枚まで、順に作ってみたものを並べて紹介しよう。

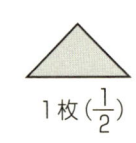

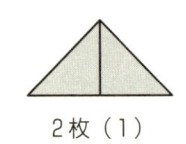

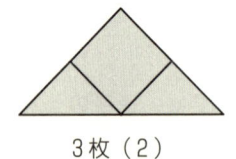

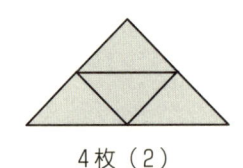

1枚（$\frac{1}{2}$）　　2枚（1）

3枚（2）　　4枚（2）

5枚 ($4\frac{1}{2}$)　　6枚 (4)

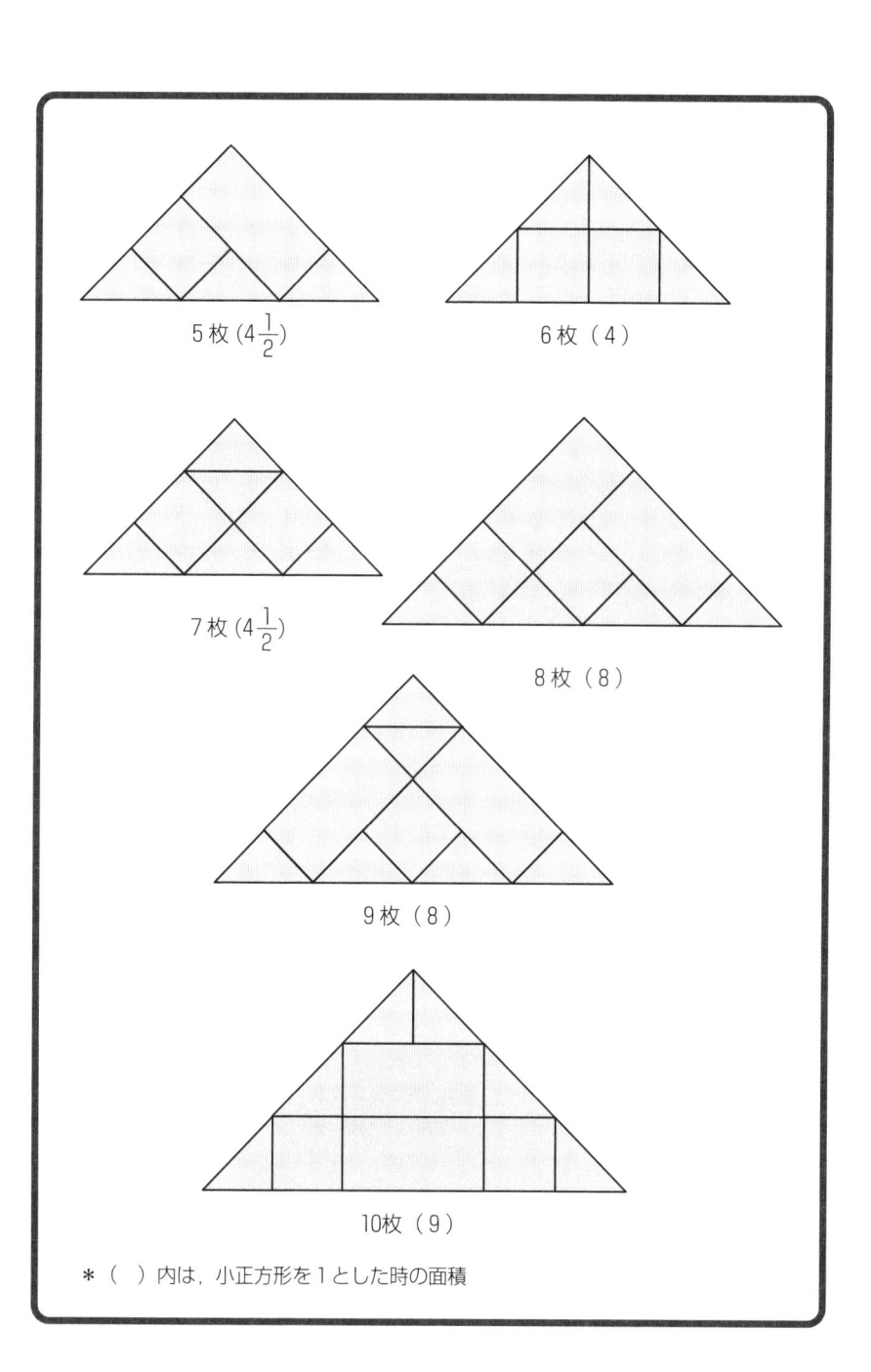

7枚 ($4\frac{1}{2}$)　　8枚 (8)

9枚 (8)

10枚 (9)

＊（ ）内は，小正方形を1とした時の面積

さんすうコラム ⑥

■著者略歴

坪田　耕三（つぼた　こうぞう）

1947年東京生まれ。青山学院大学文学部教育学科卒業。東京都世田谷区立深沢小学校，東京都世田谷区立松原小学校，筑波大学附属小学校，筑波大学を経て，現在，青山学院大学教授。

第32回読売教育賞受賞。日本数学教育学会理事，全国算数授業研究会会長，ハンズオン・マス研究会代表。

『小学校学習指導要領解説 算数編』（文部科学省）作成協力者，教育出版教科書「算数」著者，『個に応じた指導に関する指導資料──発展的な学習や補充的な学習の推進──（小学校算数編）』（文部科学省，販売 教育出版）作成協力者。

主著に，坪田式 算数授業シリーズ①〜④，『素敵な学級づくり 楽しく・優しく』（以上，教育出版），『いきいき算数 子どもの問題づくり』（全2冊，国土社）ほか多数。

坪田式 算数授業シリーズ③
算数楽しく　オープンエンド

2006年5月27日　初版第1刷発行
2013年2月26日　初版第2刷発行

著　者　坪田耕三
発行者　小林一光
発行所　教育出版株式会社
〒101-0051 東京都千代田区神田神保町2-10
TEL 03(3238)6965　FAX 03(3238)6999
URL http://www.kyoiku-shuppan.co.jp/

Ⓒ K.Tsubota 2006 printed in Japan
ISBN 978-4-316-80080-6　C3037

印刷　神谷印刷
製本　上島製本

編集協力　千葉ちよゑ／写真　能見文子